ARMUT

Gerhard Ludwig Kardinal Müller

# ARMUT

## Die Herausforderung für den Glauben – Mit einem Geleitwort von Papst Franziskus

Unter Mitarbeit von Gustavo Gutiérrez
und Josef Sayer

Kösel

MIX
Papier aus verantwortungsvollen Quellen
FSC® C014496

Verlagsgruppe Random House FSC® N001967
Das für dieses Buch verwendete FSC®-zertifizierte Papier *Munken Premium Cream* liefert Arctic Paper Munkedals AB, Schweden.


Umschlag: Weiss Werkstatt München
Druck und Bindung: GGP Media GmbH, Pößneck
Printed in Germany
ISBN 978-3-466-37106-8

www.koesel.de

# INHALT

# GELEITWORT VON PAPST FRANZISKUS

Wer von uns spürt nicht ein Unbehagen, wenn er auch nur mit dem Wort »Armut« konfrontiert wird? Es gibt viele Formen von Armut: materielle, wirtschaftliche, geistliche, soziale oder moralische Armut. Der Westen setzt Armut vor allem mit dem Fehlen wirtschaftlicher Macht gleich und wertet diesen »Status« negativ. Die westlichen Regierungen gründen sich nämlich ganz wesentlich auf die enorme Macht, die das Geld heute gewonnen hat: eine Macht, die anscheinend jeder anderen überlegen ist. Darum bedeutet das Fehlen wirtschaftlicher Macht Bedeutungslosigkeit auf politischer, gesellschaftlicher und sogar menschlicher Ebene. Wer kein Geld besitzt, wird nur danach eingeschätzt, wieweit er zu anderen Zwecken dienen kann. Es gibt viele Arten von Armut, den größten Abscheu erregt aber die wirtschaftliche Armut.

Darin liegt eine tiefe Wahrheit. Das Geld ist ein Mittel, das in gewisser Weise – wie das Eigentum – das Vermögen der menschlichen Freiheit erweitert und steigert, insofern es sie in die Lage versetzt, zu wirken, zu handeln und zu Ergebnissen zu kommen. Für sich genommen ist es ein gutes Mittel, wie fast alle Dinge, über die der Mensch verfügt: Es ist ein Mittel, das unsere Möglichkeiten erweitert. Allerdings kann dieses Mittel sich gegen den Menschen wenden. Geld und wirtschaftliche Macht können nämlich auch ein Mittel sein, das den Menschen vom Menschen entfernt und ihn auf einen egozentrischen und egoistischen Horizont begrenzt.

Das aramäische Wort, das Jesus im Evangelium verwendet – *mammona*, d.h. verborgener Schatz (vgl. Mt 6,24; Lk 16,13) –, lässt das verstehen: Wenn die wirtschaftliche Macht ein Mittel ist, das Schätze produziert, die man für sich allein behält und vor den anderen verbirgt, dann produziert sie Ungleichheit und verliert ihren ursprünglichen positiven Wert. Auch der griechische Begriff *harpagmos,* den der heilige Paulus im Brief an die Philipper (vgl. Phil 2,6) verwendet, verweist zurück auf ein Gut, das eifersüchtig für sich behalten wird, oder direkt auf die Beute, die man durch Beraubung der anderen gemacht hat. Das geschieht, wenn Güter von Menschen eingesetzt werden, die Solidarität nur mit dem eigenen Bekanntenkreis – wie klein oder groß der auch sein mag – kennen, oder wenn es sich darum handelt, Solidarität einzufordern, aber nicht sie anzubieten. Das geschieht, wenn der Mensch, der die Hoffnung auf einen transzendenten Horizont verloren hat, auch den Geschmack an der Unentgeltlichkeit verloren hat, den Geschmack, das Gute zu tun, weil einfach Schönheit darin liegt, es zu tun (vgl. Lk 6,33 ff.).

Wenn der Mensch hingegen gelernt hat, die fundamentale Solidarität zu üben, die ihn mit allen anderen Menschen verbindet – daran erinnert uns die Soziallehre der Kirche –, dann weiß er, dass er die Güter, über die er verfügt, nicht für sich behalten kann. Wenn er habituell solidarisch lebt, weiß der Mensch, dass das, was er anderen verweigert und für sich behält, früher oder später sich gegen ihn selbst wendet. Im Grunde deutet Jesus das im Evangelium an, wenn er auf den Rost oder auf die Motte anspielt, die die egoistisch festgehaltenen Reichtümer zerfressen (vgl. Mt 6,19–20; Lk 12,33).

Wenn hingegen die Güter, über die man verfügt, nicht nur für die eigenen Bedürfnisse verwendet werden, verbreiten sie sich, vervielfachen sie sich und tragen oft unerwartete Frucht. Tatsächlich gibt es eine originäre Verbindung zwischen Gewinn und Solidarität, einen fruchtbaren Kreislauf zwischen Gewinn und Gabe, den die Sünde zu sprengen und zu verdunkeln sucht. Es ist Aufgabe der Christen, diese wertvolle und originäre Einheit von Gewinn und Solidarität wiederzugewinnen, zu leben und allen zu verkünden. Wie sehr bedarf die gegenwärtige Welt der Wiederentdeckung dieser schönen Wahrheit! Je mehr damit zu rechnen sich durchsetzt, desto mehr wird auch die wirtschaftliche Armut sich verringern, die uns so sehr plagt.

Wir dürfen aber nicht vergessen, dass es nicht nur die an die Wirtschaft gebundene Armut gibt. Jesus selbst erinnert uns daran, wenn er uns belehrt, dass unser Leben nicht nur von »unseren Gütern« abhängt (vgl. Lk 12,15). Ursprünglich ist der Mensch arm, er ist bedürftig und notleidend. Wenn wir geboren werden, bedürfen wir, um zu leben, der Fürsorge unserer Eltern, und so wird jeder von uns sich in keiner Lebensphase völlig von der Bedürftigkeit und der Hilfe der anderen frei machen können, wird keiner es schaffen, von sich aus die Grenzen der Ohnmacht gegenüber jemandem oder irgendetwas zu überwinden. Auch das ist eine Voraussetzung, die unser »Geschöpf-Sein« bestimmt: Wir sind nicht von uns selbst geschaffen, und wir können nicht allein uns alles das geben, dessen wir bedürfen. Die aufrichtige Erkenntnis dieser Wahrheit lädt uns ein, demütig zu bleiben und mutig die Solidarität als eine für das Leben unerlässliche Tugend zu üben. Wir hängen in jedem Fall von jemandem oder von etwas ab. Wir können das als eine Schwächung des Lebens erfahren oder als eine Möglichkeit, als eine Ressource, um einer Welt Rechnung zu tragen, in der keiner ohne den anderen auskommen kann, in der wir alle für alle nützlich und wertvoll sind, jeder auf seine Weise. Wir müssen das herausfinden, was uns zu einer verantwortlichen und verantwortungsbewussten Praxis anspornt, im Blick auf ein Gut, das nun wirklich untrennbar individuell und gemeinschaftlich ist. Offensichtlich kann diese Praxis nur aus einer neuen Mentalität erwachsen, aus der Bekehrung zu einer neuen Weise, einander anzublicken. Nur wenn der Mensch sich nicht als eine für sich existierende Welt begreift, sondern als einen, der durch seine Natur an alle anderen gebunden ist, die ursprünglich als »Brüder« erfahren wurden, ist soziale Praxis möglich, in der das Gemeinwohl nicht ein leeres und abstraktes Wort bleibt!

Wenn der Mensch sich so versteht und sich angewöhnt, so zu leben, wird die ursprüngliche kreatürliche Armut nicht länger als ein »Handikap« empfunden, sondern als eine Ressource, in der das, was jeden bereichert und frei geschenkt wird, ein Gut ist und eine Gabe, die dann zugunsten aller zurückfällt. Das ist das positive Licht, mit dem auf die Armut zu blicken auch das Evangelium uns einlädt. Und dieses Licht hilft uns dann zu verstehen, warum Jesus diesen Zustand in eine wahre »Seligkeit« verwandelt: »Selig ihr Armen!« (Lk 6,20). Also, wenn wir alles tun, was in unserer Macht steht, und jede Form von unverantwortlicher Gewöhnung an die eigenen Schwächen meiden, brauchen wir nicht zu fürchten, uns als bedürftig zu bekennen und als unfähig, uns alles das zu geben, dessen wir bedürfen, denn allein und nur mit unseren Kräften wird es uns nicht gelingen, alle Grenzen zu überwinden. Wir fürchten diese Erkenntnis nicht, weil Gott selbst in Jesus sich erniedrigt hat (vgl. Phil 2,8) und sich über uns und unsere Armut beugt, um uns zu helfen und uns die Güter zu geben, die wir von uns allein aus nie bekommen könnten.

Deshalb preist Jesus die »geistlich Armen« selig (Mt 5,3), das heißt die, die so auf die eigenen Bedürfnisse blicken und, bedürftig wie sie sind, sich Gott anvertrauen und nicht fürchten, von Ihm abhängig zu sein (vgl. Mt 6,26). Von Gott können wir nämlich jenes Gut bekommen, das durch nichts begrenzt wird, weil Er mächtiger ist als jede Begrenzung und das gezeigt hat, als er den Tod besiegt hat! Er, der reich war, wurde arm (vgl. 2 Kor 8,9), um uns mit seinen Gaben reich zu machen! Er liebt uns, jede Faser unseres Seins ist ihm teuer, in seinen Augen ist jeder von uns einzigartig und hat einen unermesslichen Wert: »Bei euch aber sind sogar die Haare auf dem Kopf alle gezählt ... Ihr seid mehr wert als viele Spatzen« (Lk 12,7).

Ich bin deshalb Seiner Eminenz Gerhard Ludwig Kardinal Müller, Präfekt der Kongregation für die Glaubenslehre, dankbar, der mit dem vorliegenden Buch uns an all das erinnern will. Ich bin sicher: Jeder, der diese Seiten liest, wird sich in gewisser Weise angesprochen fühlen und in seinem Herzen das Bedürfnis nach einer Erneuerung des Lebens aufsteigen spüren. Nun sollt Ihr, liebe Leser, wissen, dass ich schon jetzt in diesem Bedürfnis und auf diesem Weg an Eurer Seite bin, als Bruder und aufrichtiger Weggefährte.

Franciscus

*Aus dem Italienischen übersetzt von Karl Pichler*

# DIE MENSCHLICHE ENTWICKLUNG ZWISCHEN SCHÖPFUNG UND VOLLENDUNG

# Die Katholische Soziallehre – eine Annäherung

Das im Jahre 2004 veröffentlichte *Kompendium der Soziallehre der Kirche*[1] steht als jüngste Veröffentlichung zum weiten Themenkreis der Soziallehre der Kirche in der langen Tradition der Sorge der Kirche um die sozialen und gesellschaftlichen Entwicklungen des Menschen, die seinem Sein und seinem Wesen gerecht werden möchte. Die Kirche hat dabei immer alle Dimensionen menschlicher Wirklichkeit mitberücksichtigt und sich in allen politischen Gegebenheiten und kulturellen Eigenheiten als bleibender Bezugspunkt einer am Menschen orientierten Soziallehre verstanden. Immer stand der einzelne Mensch, das Individuum, im Zentrum der Betrachtung, so wie der Mensch vor Gott steht und er von Gott gewollt und geliebt ist.

Die Notwendigkeit für ein breiteres Engagement im Bereich der Soziallehre hat sich in Europa bereits im 18. und 19. Jahrhundert abgezeichnet. Industrialisierung und fortschreitende Technisierung haben den Menschen selbst zu einer Maschine umfunktioniert, die bedingungslos im Dienst von Produktion, Leistung und Gewinn stand. Der Mensch trat in den Hintergrund.

In Papst Leo XIII. fanden die Arbeiter, die zu billigen Arbeitskräften degradiert wurden, einen Fürsprecher, der die soziale

Sorge der Kirche fest im Bewusstsein der Menschen und der Welt verankerte. Die ökonomischen Ereignisse des 19. Jahrhunderts waren für den Umsturz der jahrhundertealten sozialen Ordnung verantwortlich und warfen schwerwiegende Probleme der Gerechtigkeit sowie die der ersten großen sozialen Fragen, etwa die Arbeiterfrage, auf, die aus dem Verhältnis von Arbeit und Kapital entstand. Die so neu entstandene Phase der Arbeitsprozesse war Anlass, auch über die sich in der Folge verändernden pastoralen Herausforderungen nachzudenken und mit den entsprechenden Mitteln die neu entstandenen Bedingungen zu bewältigen. Fortgesetzt wurden die lehramtlichen Aussagen mit *Quadrogesimo anno* (1931), *Mater et Magistra* (1961), *Pacem in terris* (1963), *Gaudium et spes* (1965) und den drei Enzykliken *Laborem exercens* (1981), *Sollicitudo rei socialis* (1987) und *Centesimus annus* (1991) von Johannes Paul II.

# Entwicklung zu wahrer Humanität

Der Appell des Zweiten Vatikanischen Konzils: »Freude und Hoffnung, Trauer und Angst der Menschen von heute, besonders der Armen und Bedrängten aller Art, sind auch Freude und Hoffnung, Trauer und Angst der Jünger Christi. Und es gibt nichts wahrhaft Menschliches, das nicht in ihren Herzen seinen Widerhall fände« (*Gaudium et Spes* Nr. 1), ist besonders heute wieder von großer Aktualität, da die Entwicklung in weiten Teilen der Welt derart bedrohliche Ausmaße annimmt, sodass das soziale und caritative Handeln der Kirche dringend benötigt wird. Papst Benedikt XVI. hat, wohl wissend um die Herausforderungen der Gegenwart und der Zukunft, die einzigartige Rolle der Kirche für eine menschenwürdige Welt in das Gewissen der Menschen, der Staaten und Nationen sowie der Völker mit seiner Enzyklika *Deus Caritas est* (2005) geschrieben.

Trauer und Angst der Menschen von heute ist die Situation des Elends, der Unterdrückung, des Hungers und des Leids, der Verfolgung und der Ermordung von Millionen von Menschen auf der ganzen Welt. Die Enzyklika *Sollicitudo rei socialis* von Papst Johannes Paul II. aus dem Jahr 1987 greift in besonderer Weise den Begriff der »Entwicklung« auf und verbindet ihn mit dem Frieden. Sie erinnert dabei an die in *Populorum progressio* (1967) grundgelegte Hoffnung auf einen Übergang von weniger humanen Lebensbedingungen zu humaneren, deren Charakteristika nicht die rein wirtschaftliche und technische

Dimension beinhalten, sondern den Erwerb von Kultur und Bildung, den Respekt vor der Würde des anderen sowie die Anerkennung letzter verbindlicher Werte, die in Gott ihren Ursprung und ihr Ziel zugleich haben. Im Lichte des Glaubens wird es zu einer weltweiten Gerechtigkeit kommen, die gemeinsam mit einem universalen Frieden zu einem universalen Humanismus im Vollsinn des Wortes führen wird, der von geistlichen Werten gelenkt wird.

In der Diskussion um die Entwicklung des Menschen hin zu einer neuen Welt ist Humanität, die dauerhaft und tief greifend dem Wesen des Menschen gerecht sein will, nur dann möglich, wenn sie sich aus dem Glauben heraus als Freilegung des Wesens menschlichen Zusammenlebens versteht. Durchdrungen vom Gebot »Liebe deinen Nächsten wie dich selbst« wird eine Humanität gesetzt, die die christliche Anthropologie am eindringlichsten formuliert: den anderen zu lieben, weil er Geschöpf Gottes ist, und Gott zu lieben, weil er sich uns als Schöpfer, Erlöser und Vollender geoffenbart hat. Daraus nährt sich die Antwort darauf, wie unsere Welt gelingen kann. Wie sie zu Gott findet. Und: welchen Wert und welche Würde der Mensch hat.

## Das Offenlegen der Geschöpflichkeit ist Dienst an der Würde des Menschen

Von den Enzykliken von Paul VI. und Johannes Paul II. ist ein Signal ausgegangen, das sich mit neuer Intensität auch mit dem Begriff des Fortschritts auseinandersetzt. Ist es dem Menschen eingeschrieben, dass er im geschichtlichen Prozess zu einer immer perfekteren, ökonomisch ausgereifteren, technisch vollkommenen Welt voranschreitet? Liegt im Fortschritt in dieser mechanistischen Ausformung der letzte Sieg des Menschen über Unterdrückung und Leid, über Not und Tod? Oder kommt mit der wirtschaftlichen und gesellschaftlichen Veränderung zugleich ein falsches Menschenbild, das uns als Konsumenten oder als Teil des Marktes definieren möchte, um dem Faktor Wirtschaft zu neuen Möglichkeiten zu verhelfen?

Dieser von der Enzyklika *Sollicitudo rei socialis* »Optimismus mechanistischer Art«[2] genannte Vorgang hat bisher die Situation in weiten Teilen der Erde nicht verändert. Wohlstand und Reichtum, aber auch politische Stabilität und gerechte Lebenssituationen sind unverändert nur einem Teil der Menschheit vorbehalten. Die materiellen und geistigen Güter der Erde sind aber für alle Menschen da.

So sind die Ergebnisse zwar für eine kleine Gruppe von Gewinn, deren Reichtum ins Unermessliche wächst, für Arme und Notleidende ist der viel beschworene Fortschritt oftmals nur ein weiterer Weg, der sie tiefer in das Elend und in die Unterdrückung führen kann. Der menschliche Fortschritt, wie ihn die Kirche sieht, besteht in seinem Dienst an der Würde des Menschen, in der Entwicklung zu wahrer Menschlichkeit – wie sie die Enzyklika umfassend beschreibt.[3] Wahrer menschlicher Fortschritt besteht im Einsatz für die Menschenwürde, die in einer sich neu strukturierenden Gesellschaft zum tragenden Moment werden muss, um konkret umzusetzen, was mit der Entwicklung zum Menschsein verbunden ist.[4]

Der Maßstab für eine wahre Entwicklung muss dabei immer im Blick sein: Die besondere Natur des Menschen, der von Gott als sein Abbild, ihm ähnlich, geschaffen wurde, in seiner geistigen und leiblichen Natur, symbolisiert durch die beiden Elemente der Erde, aus der die körperliche Dimension des Menschen erschaffen wurde, und des Lebensatems, der ihn mit dem Geist erfüllt.

Wahre menschliche Entwicklung ist im Rahmen von Solidarität und Freiheit zu vollziehen. »Die Verpflichtung, sich für die Entwicklung der Völker einzusetzen, ist nicht nur von individueller und noch weniger von individualistischer Art, als ob es möglich wäre, sie mit den isolierten Anstrengungen der Einzelnen zu erreichen. Es ist eine Pflicht für alle und jeden, für Mann und Frau, für Gesellschaften und Nationen, im Besonderen aber für die katholische Kirche«[5] – so legt Johannes Paul II. die Verantwortung vom Einzelnen hinein in die Formen der Gemeinschaft des Menschen. Der Staat, die Nation, Europa, die Vereinten Nationen – die ganze Welt und alle Menschen: Sie stehen im Dienst der Menschen, ihrer Entwicklung, ihrer Bildung, der Ernährung und des Eigentums. Die Zusammenarbeit für die Entwicklung des *ganzen* Menschen und *jedes* Menschen ist eine Pflicht aller gegenüber allen und muss auf die Schultern der ganzen Welt verteilt werden.

Die Länder, die im Wohlstand leben, übernehmen dabei eine besondere Verantwortung. Sie dürfen sich aber nicht dazu verleiten lassen, nur finanzielle und technische Hilfen anzubieten und den Ländern in Armut und Not dadurch signalisieren, dass sie als Konsumenten Objekte des Marktes und der Konzerne sind, die den Lebensstil des reinen und puren Konsums annehmen müssen. Menschliche Entwicklung ist aber unter dem Gesichtspunkt der Geschöpflichkeit v.a. ein moralischer Begriff, der im Einklang mit der individuellen und das Wesen fördernden Entwicklung des Einzelnen steht, der in seiner geschichtlichen, kulturellen, politischen und psychologischen Struktur erfasst werden muss. Der Gegensatz zu einer unkontrollierten »Vermarktung« der ärmeren Länder besteht in der Anerkenntnis ihrer ureigenen kulturellen und historisch gewachsenen Strukturen, die den Menschen von Anbeginn seines irdischen Daseins prägen und formen.

Das setzt die Bereitschaft und die Fähigkeit voraus, im anderen den Mitmenschen zu sehen, der im Glauben zum Nächsten wird, dem ich helfend zur Seite stehe, ihn aber nicht verdränge von seiner Eigenständigkeit, sondern ihn in seiner Eigentlichkeit bestärke.

## »Lasst uns Menschen machen als unser Abbild, uns ähnlich« (Gen 1,26)

Wahre menschliche Entwicklung unterliegt den moralischen Vorgaben, die wir als Geschöpfe gerade den Geboten Gottes entnehmen können. Ihnen eigen ist die umfassende Kenntnis des menschlichen Lebens, seiner Entscheidungen und seiner Schwächen. Im ersten Gebot wird die Basis errichtet für ein Leben aus dem Wissen heraus, dass Gott uns nicht fern ist, sondern er unseren Weg begleitet und unser Leben in seiner Wahrheit und in seiner Liebe führt. Die Trostlosigkeit einer Welt ohne Gott ist uns allgegenwärtig in den Berichten des Schreckens, des Terrors, des Krieges – Gott aber hat uns zu einer Gemeinschaft gerufen, die viel tiefer greift als staatlich-politische Systeme, weltliche Zusammenschlüsse oder gesellschaftliche Vergemeinschaftungen: Wir gehören zur Kirche, die sein Leib ist und dessen Haupt er selber ist. Diese Dimension des Menschseins ist in weiten Teilen der Welt abhandengekommen. Die Dimension der Sakramentalität der Kirche, die als das aufgerichtete Zeichen in der Welt und für die Welt auf Gott verweisen kann und ihn gegenwärtig setzt, muss immer wieder betont werden. Sind wir Glieder der Kirche, so brechen in der Erfahrung der Transzendenz alle Barrieren, die der Mensch errichtet hat, auf.

Wenn wir von der Entwicklung des Menschen sprechen, so gehört die Bezogenheit des Menschen auf die Transzendenz hinzu. Als Geschöpf des Schöpfers ist auch seine Vollendung in Gott gegeben. Wer dem Menschen vorgaukelt, sein Leben spiele sich nur in der Enge der zeitlichen Begrenzung seiner irdischen Lebensdaten ab, der raubt ihm die Dimension der Hoffnung, der Vergebung, der Liebe und der Erlösung.

Zugleich wird den Helfenden, den Schützenden der Grund ihres Handelns genommen, weil sie im Mitmenschen nur den Konkurrenten, bloß »den Anderen« sehen oder sogar nur den Feind. In Gott, dem Schöpfer, aber wird die Ebenbildlichkeit des Menschen zum Signum seiner Würde:

»Der Christ, der dazu angeleitet worden ist, im Menschen das Abbild Gottes zu sehen, das zur Teilnahme an der Wahrheit und am Guten berufen ist, die Gott selbst darstellt, versteht ferner den Einsatz für die Entwicklung und ihre Verwirklichung nicht unabhängig von der Beachtung und dem Respekt vor der einzigartigen Würde dieses ›Abbildes‹. Mit anderen Worten, die wahre Entwicklung muss sich auf die Liebe zu Gott und zum Nächsten gründen und dazu beitragen, die Beziehungen zwischen den Einzelnen und der Gesellschaft zu fördern. Das ist die ›Zivilisation der Liebe‹, von der Papst Paul VI. so oft gesprochen hat.«[6]

# Zur Liebe berufen

Johannes Paul II. hat in seiner Enzyklika *Centesimus Annus* bereits einem Appell gleich den Menschen einen »Katalog« vorgestellt, in dem er die grundlegende christliche Auffassung von der Natur des Menschen beschreibt:

»Unter den vorrangigsten Rechten sind zu erwähnen: das Recht auf Leben, zu dem wesentlich das Recht gehört, nach der Zeugung im Mutterschoß heranzuwachsen; das Recht, in einer geeinten Familie und in einem sittlichen Milieu zu leben, das für die Entwicklung und Entfaltung der eigenen Persönlichkeit geeignet ist; das Recht, seinen Verstand und seine Freiheit in der Suche und Erkenntnis der Wahrheit zur Reife zu bringen; das Recht, an der Arbeit zur Erschließung der Güter der Erde teilzunehmen und daraus den Lebensunterhalt für sich und die Seinen zu gewinnen; das Recht auf freie Gründung einer Familie und auf Empfang und Erziehung der Kinder [ …].«[7]

Mit dem Blick auf *Familiaris Consortio* führt Johannes Paul II. seine Gedanken weiter. Er entwickelt seine Anthropologie, die sein ganzes Pontifikat bestimmt hat: Gott hat den Menschen zur Liebe berufen. So steht im Mittelpunkt der christlichen Anthropologie die Familie. Sie muss geschützt werden als der Ort, an dem jeder Mensch liebevoll angenommen heranreift zu einem Menschen, der in der Hingabe, der Opferbereitschaft, dem Sich-Einfügen sich entfalten kann und so reflexiv zu sich selbst findet. Die Familie ist der natürliche Ort der Menschwerdung. Christliche Anthropologie verliert sich nicht in eine vage Spekulation, sondern hat konkrete Ansatzpunkte und Erkenntnisse, derer wir oft erst dann gewahr werden, wenn sie ausgeblendet und geleugnet werden. Wenn wir daher von der wahren Entwicklung des Menschen sprechen, dann ist die Familie als Keimzelle des Glaubens, als Hort sicherer Entfaltung und als Raum des liebenden Miteinanders die erste große Stufe wahren menschlichen »Fortschritts«.

# Geschöpf und Person – Eckdaten der Menschenrechte

Bereits Papst Johannes XXIII. hat in seiner Enzyklika *Pacem in terris* eine eigene Charta der Menschenrechte vorgelegt und übertrifft dabei die »Allgemeine Erklärung der Menschenrechte« durch den deutlichen Akzent, der mit der christlichen Durchdringung der Fragestellung gegeben ist: Der Mensch als Person ist Ausgangspunkt seiner Würde. Damit überwindet die Kirche gerade den horizontalen Begründungsrahmen, der sich jederzeit schnell ändern kann, und führt die Diskussion auf den eigentlichen Kern: Mit Vernunft und Willensfreiheit ausgestattet, hat die Person – seine Personalität – Rechte und Pflichten, die ihr von Natur aus eigen sind. Das respektierend soll von allen als gemeinsame Grundlage des Handelns akzeptiert werden. Dann gibt es eine echte Chance darauf, dass Ungleichheit und massive Differenzen bei der Partizipation an den Ressourcen der Erde verschwinden und die für alle Menschen gültige Freiheit zum tragenden Element aller sozialen Ordnungen wird:

»Jedem menschlichen Zusammenleben, das gut geordnet und fruchtbar sein soll, muss das Prinzip zugrunde liegen, dass jeder Mensch seinem Wesen nach Person ist. Er hat eine Natur, die mit Vernunft und Willensfreiheit ausgestattet ist; er hat daher aus sich Rechte und Pflichten, die unmittelbar und gleichzeitig aus seiner Natur hervorgehen. Wie sie allgemein gültig und unverletzlich sind, können sie auch in keiner Weise veräußert werden.«[8]

Die Grundidee der Menschenrechte entspricht nicht nur zutiefst dem biblisch-christlich Verständnis des Menschen, sondern ist die Wurzel, von der alle Initiativen für eine Wertschätzung des menschlichen Lebens ausgehen. Durch die Kirche werden diese Grundlagen hinein in die moderne Welt übersetzt. Unterschiede der ethnischen Herkunft, der politischen Zugehörigkeit oder der kulturellen Identität dürfen nicht zu einer Barriere zwischen den Menschen werden. Jede Form der Abgrenzung widerspricht dem von der Kirche klar formulierten Person-Begriff.

Die Kirche kann über diese religiösen, nationalen und ideologischen Grenzen hinweg zur Ausbildung eines vorrechtlichen Konsenses über die Würde und die Rechte des Menschen aktiv beitragen. Die christliche Verantwortung für die Menschenrechte wird deutlich in der Information und der öffentlichen Bewusstseinsbildung in allen Fragen, die das Menschliche in seiner Unantastbarkeit betreffen – Einflussnahme auf gesetzliche Regelungen zum Lebensschutz, international agierende kirchliche Hilfsorganisationen, deren Beitrag in den Sofortmaßnahmen und den langfristigen Prozessen nicht nur auf die materielle Hilfe beschränkt bleibt. Das Engagement der Kirche in Gebieten der Armut, wo die einfachsten Lebensgrundlagen nicht vorhanden sind, hilft den Betroffenen, ihren Wert als Menschen wieder oder vielleicht zum ersten Mal wahrzunehmen.

# »Evangelium vitae« und »Deus caritas est«

Papst Benedikt XVI. hat in seiner ersten Enzyklika *Deus Caritas est* das »Liebestun der Kirche« zum Programm der Kirche erhoben: »Die Karitativen Organisationen der Kirche stellen dagegen ihr opus proprium dar, ihre ureigenste Aufgabe, in der sie nicht mitwirkend zur Seite steht, sondern als unmittelbar verantwortliches Subjekt selbst handelt und das tut, was ihrem Wesen entspricht. Von der Übung der Liebestätigkeit als gemeinschaftlich geordneter Aktivität der Gläubigen kann die Kirche nie dispensiert werden.«[9] Greifen wir den Gedanken von vorhin noch einmal auf, dann stellt es sich wirklich so dar, dass der Mensch in der Liebe zu Gott und zu den Menschen zu seiner eigenen Bestimmung durchdringt.

Dann kommt die Freiheit in der Solidarität zur Verwirklichung, die Gleichheit – des Einzelnen und der Völker – mündet in den dauerhaften Frieden, der Schutz des Lebens gilt allen Stufen menschlich-individueller Entwicklung und die Gerechtigkeit basiert auf der Suche nach der Wahrheit. Erst dann ist die Würde des Menschen als Kriterium des Umgangs miteinander und zugleich der erste und unhinterfragbare Zugang zum Wesen des Menschen entstanden.

Die Aufgabe der Kirche ist es, dieses »Evangelium des Lebens«, wie Johannes Paul II. eine seiner Enzykliken überschrieben hat, der Kultur des Todes entgegenzustellen und somit die Bedrohungen des unvergleichlichen Wertes der menschlichen Person, deren Größe und Kostbarkeit betonend, mit der Verkündigung der Frohen Botschaft zu bewältigen. »Das Evangelium von der Liebe Gottes zum Menschen, das Evangelium von der Würde der Person und das Evangelium vom Leben sind ein einziges, unteilbares Evangelium. Der Mensch, der lebendige Mensch, stellt den ersten und grundlegenden Weg der Kirche dar.«[10]

»Jeder Mensch ist aufgrund des Geheimnisses vom fleischgewordenen Wort Gottes der mütterlichen Sorge der Kirche anvertraut. Darum muss jede Bedrohung der Würde und des Lebens des Menschen eine Reaktion im Herzen der Kirche auslösen, sie muss sie im Zentrum ihres Glaubens an die erlösende Menschwerdung des Gottessohnes treffen, sie muss sie miteinbeziehen in ihren Auftrag, in der ganzen Welt und allen Geschöpfen das Evangelium vom Leben zu verkünden«[11], so Johannes Paul II.

# MEINE ERFAHRUNG MIT DER BEFREIUNGSTHEOLOGIE

## Lima: Seminar zur Befreiungstheologie

Die Theologie der Befreiung verbindet sich für mich mit einem Gesicht: Gustavo Gutiérrez. Im Jahre 1988 nahm ich mit mehreren Theologen aus Deutschland und Österreich auf Einladung des damaligen Chefs von MISEREOR, Josef Sayer, an einem Kurs zu diesem Thema teil. Der Ort war das damals schon berühmte Institut Bartholomé de Las Casas. Zu diesem Zeitpunkt lehrte ich schon 2 Jahre lang die Dogmatik an der Ludwig-Maximilians-Universität in München.

Als Theologieprofessor war ich natürlich mit den Schriften und den bekannten Vertretern dieser theologischen Strömung vertraut, die in Lateinamerika entstanden war, aber weltweit diskutiert wurde, besonders aufgrund der teilweise kritischen Bemerkungen seitens der Internationalen Theologenkommission bei der Kongregation für die Glaubenslehre und durch die Erklärungen von 1984 und 1986 seitens der Kongregation selbst unter Vorsitz ihres Präfekten Joseph Kardinal Ratzinger, unseren heutigen Papst Benedikt XVI.

Mit dem Seminar unter Leitung von Gustavo Gutiérrez vollzog sich bei mir eine Wende von der akademischen Reflexion über eine neue theologische Konzeption zu der Erfahrung mit Menschen, für die diese Theologie entwickelt worden ist. Für meine eigene theologische Entwicklung ist diese Umkehrung der Reihenfolge von der Theorie zur Praxis hin zu dem Dreischritt »Sehen-Urteilen-Handeln« entscheidend geworden.

Wir Teilnehmer an dem genannten Seminar waren voll bepackt mit vielen Kenntnissen über den Ursprung und die Entwicklung der Befreiungstheologie und diskutierten hauptsächlich über die Analyse der Situation, der eine zu naive Nähe zum Marxismus vorgeworfen wurde. Die Aussagen der lateinamerikanischen Bischofskonferenz von Medellín und Puebla waren uns geläufig.[12] Der Streit ging darum, ob hier aus dem Christentum eine Art politisches Erlösungsprogramm gemacht werden sollte, wobei sogar revolutionäre Gewalt gegen Menschen und Sachen unter bestimmten Umständen toleriert werden sollte. Die Befreiungstheologie stand bei den einen im Verdacht und wurde von anderen dazu herangezogen, terroristische Gewalt im Dienste der gerechten Revolution zu legitimieren.

Das Erste, was uns Gustavo Gutiérrez beibrachte, war die wichtige Einsicht, dass es hier um Theologie und nicht um Politik geht. Er machte auch den Unterschied von Befreiungstheologie und katholischer Sozialethik in der Linie der großen Sozialenzykliken der Päpste deutlich. Während sich die Sozialethik auf das Naturrecht gründet und mit den Prinzipien der Personalität, Subsidiarität und Solidarität die Grundlage für ein sozial und gerecht angelegtes Gemeinwesen sichern will, handelt es sich bei der Theologie der Befreiung um ein praktisches und theoretisches Programm, das Welt, Geschichte und Gesellschaft im Licht der übernatürlichen Selbstoffenbarung Gottes als Erlöser und Befreier der Menschen verstehen und verändern hilft.

Wie kann man von Gott sprechen angesichts des Leidens der Menschen, der Armen, die ihren Kindern kein Brot zu essen geben können, die keine medizinische Versorgung beanspruchen können, denen die Schulbildung verwehrt bleibt, die vom gesellschaftlichen und kulturellen Leben ausgeschlossen, die marginalisiert und als Last und Bedrohung des Lebensstils einiger weniger Reicher empfunden werden?

Und diese Armen sind nicht eine anonyme Masse. Jeder von ihnen hat ein Gesicht. Wie kann ich als Christ, ob Priester oder Laie, wenn ich kerygmatisch oder theologisch-wissenschaftlich von Gott und seinem Sohn, der für uns Mensch wurde und für uns aus Liebe am Kreuze starb, reden und ihn bezeugen, wenn ich nicht ein theologisches Denkgebäude neben den schon vorhandenen aufrichten will, sondern wenn ich dem konkreten Armen vor mir von Gesicht zu Gesicht sagen will: Gott liebt dich, und deine unverlierbare Würde ist in Gott begründet. Wie wird die biblische Einsicht konkret im individuellen und gemeinschaftlichen Leben der Menschen erfahrbar, wenn die Menschenrechte in der Erschaffung des Menschen nach Gottes Bild und Gleichnis entspringen.

Mit dem Aufenthalt in Peru im Jahr 1988 war aber nicht nur das Seminar mit Gustavo Gutiérrez verbunden, in dem mir der echt, theologische Ansatz der Befreiungstheologie klar wurde, sondern eben auch die lebendige Begegnung mit den Armen, über die wir gesprochen hatten. Wir lebten einige Zeit zusammen mit den Menschen in den Elendsvierteln von Lima und dann auch mit den Campesinos der Pfarrei von Diego Irarrazaval am Lago Titicaca. Seit dieser Zeit bin ich etwa 15-mal in Peru und anderen Ländern Lateinamerikas gewesen – oft über viele Monate während der Semesterferien in Deutschland.

Meine Arbeit bei theologischen Kursen vor allem im Priesterseminar von Cuzco, Lima, Callao u.a. war immer auch verbunden mit langen Wochen der Pastoral in den Andengemeinden, besonders in Lares, in der Erzdiözese Cuzco. Hier sind mir Gesichter zu Namen und schließlich auch zu vielen persönlichen Freunden geworden – eine Erfahrung der weltumspannenden Communio in der Gottes- und Nächstenliebe, was das Wesen der katholischen Kirche sein muss. Zuletzt war es mir tiefe Freude, dass ich schon als Bischof 2003 in Lares, in der Erzdiözese Cuzco, das Sakrament der Firmung Jugendlichen spenden konnte, deren Eltern ich seit Langem kenne und die ich selbst getauft hatte.

Ich rede darum nicht abstrakt und theoretisch über die Befreiungstheologie oder gar ideologisch, um mich in einem progressiven kirchlichen Lager als Gesinnungsgenosse zu empfehlen. Ebenso wenig habe ich Angst, dass dies als Verdacht auf mangelnde Orthodoxie ausgelegt werden könnte. Wie immer man es auch wendet, die Theologie von Gustavo Gutiérrez ist orthodox, weil sie orthopraktisch ist, und sie lehrt uns das gebotene christliche Handeln, weil sie aus dem rechten Glauben kommt.

Ein Blick in das Buch »Aus der eigenen Quelle trinken«[13] (»Beber en su proprio pozo«) macht deutlich, dass die Theologie der Befreiung in einer tiefen Spiritualität begründet ist. Ihr Nährboden ist die Nachfolge Jesu, die Begegnung mit Gott im Gebet, die Teilnahme am Leben der Armen und Unterdrückten und die Bereitschaft, teilzuhaben an ihrem Schrei nach der Freiheit und Herrlichkeit der Kinder Gottes, ihren Kampf mitzuführen um ein Ende von Ausbeutung, Unterdrückung, um die Respektierung der Menschenrechte und eine gleichberechtigte Teilnahme am kulturellen und politischen Leben in der Demokratie und der Erfahrung, dass man im eigenen Land kein Fremder ist, sondern dass Kirche und Staat uns Heimat und die Garantie der geistlichen und zivilen Freiheit geben wollen. Die Einleitung und Begleitung eines dynamischen Prozesses, der die Menschen aus kultureller und politischer Abhängigkeit befreien will, ist das Ziel.

# Vorbild: Bartolomé de Las Casas

So wie Gustavo Gutiérrez mit seiner Person, seinem geistlichen Zeugnis, seinem Engagement für die Armen und seiner großartigen Reflexion der Befreiungstheologie in unserer Zeit ein Gesicht gibt, so hat er uns auch eindrücklich die Gestalt Bartolomé de Las Casas nahegebracht, der im 16. Jahrhundert anders als sein Bekannter Kolumbus nicht ein Land entdeckte und für die spanische Krone in Besitz nahm, sondern der das Unrecht der Unterdrückung und Entwürdigung der einheimischen Bevölkerung entdeckte und die Menschen für das Reich Gottes in Besitz nehmen wollte, in dem es keine Herren und Sklaven, sondern nur gleichberechtigte Brüder und Schwestern geben kann.

Las Casas kam nach Westindien, wie er annahm, dem von Kolumbus entdeckten Erdteil, den man heute Amerika nennt, als Abenteurer und Glücksritter. In der Perspektive der »Entdecker« Amerikas handelte es sich um ein Land, das man für die eigenen Könige in Besitz nehmen konnte, dessen Bodenschätze und Menschen rechtlos waren und damit dem Zugriff des eigenen Willens zur grenzenlosen Selbstbereicherung offenstanden. Las Casas war anfangs in das gesamte System der Freiheitsberaubung und Ausbeutung einbezogen.

Schließlich erkannte er im Gesicht der Gequälten das Gesicht Christi und er wurde zu einem wortmächtigen Fürsprecher und Vorkämpfer für die unterdrückten Völker in deren Heimat, in Amerika. Damit verbunden war auch die Rückkehr zum ursprünglichen Sinn christlicher Mission. Jesus hatte seine Jünger in die Welt ausgesandt, um allen Menschen das Evangelium von der Erlösung und Befreiung zu verkünden. In diesem Sinn ist Mission als Begegnung von Mensch zu Mensch im Namen Jesu das strikte Gegenteil zu einer nur religiös ummäntelten Form von Kolonialismus und Imperialismus. Man kann keine Eroberung von Ländern für Christus betreiben und ihre Menschen irgendeinem christlich geprägten Staat als Untertanen unterwerfen.

Vielmehr entspricht der Verkündigung der bevollmächtigten Boten Christi die freie Annahme des Glaubens. So entsteht ein weltweites Netz von Jüngerinnen und Jüngern Jesu, die nach seinem Willen eine Gemeinschaft von Brüdern und Schwestern und somit die sichtbare Kirche Gottes sind in der Welt. In diesen pfingstlichen Prozess bringen die Menschen ihre gewachsene Herkunft und ihre kulturelle Identität mit ein und lassen sich vom Geist Gottes in eine höhere gemeinsame Identität umformen: nämlich die Erkenntnis, dass wir Kinder Gottes sind und berufen zu einem vorbildlichen Leben, bestimmt für die Vollendung in Gottes Zukunft. So kann die Kirche in Christus Sakrament des Heils der Welt sein. Sie dient als Zeichen und Werkzeug für die innigste Vereinigung der Menschen mit Gott wie für die Einheit der Völker.[14] (vgl. *Lumen gentium 1*).

Las Casas nennt in seinem Bericht von der »Verwüstung der Westindischen Länder« (*brevísima relación de la destrucción des las Indias occidentales*) den eigentlichen Grund für das ungeheuerliche Unrecht, das die Eroberer aus Spanien den Menschen angetan haben, denen sie auf ihrer Entdeckungsreise begegnet sind. Von diesen Christen, dem Namen, aber nicht dem Verhalten nach, sagt er: »Die einzige und wahre Grundursache, warum die Christen eine so ungeheure Menge schuldloser Menschen ermordeten und zugrunde richteten, war bloß diese, dass sie ihr Gold in ihre Gewalt zu bekommen suchten.«[15] Gustavo Gutiérrez hat den befreienden Weg von Las Casas mit der Alternative auf den Begriff gebracht: »Gott oder das Gold«[16].

Das ist der befreiende Weg, den Jesus im Evangelium vorgibt. »Man kann nicht zwei Herren dienen, Gott oder dem Mammon.« »Die Wurzel aller Übel ist die Habgier« (1 Tim 6,10), wird an anderer Stelle die Grundhaltung des Christseins auf den Punkt gebracht.

# Auf wen wir unser Vertrauen setzen, der ist in Wahrheit unser Gott

Heute sind wir Christen des 21. Jahrhunderts, aber auch die Humanisten aller Couleur stolz darauf, dass ein eurozentrischer Kolonialismus und Imperialismus hinter uns liegen. Nicht immer entgehen wir der Gefahr, bei der gerechten Empörung über die Gräueltaten bei der Eroberung Amerikas und Afrikas und auch Indiens und der Demütigung Chinas uns in der moralischen Sicherheit zu wiegen, wir hätten im 16. Jahrhundert sicher mit Las Casas auf der Seite Gottes gegen die Ausbeuter auf der Seite des Goldes gestanden. Gewiss sind die historischen Umstände von damals mit der globalisierten Welt von heute nicht ohne Weiteres vergleichbar.

Aber die Grundalternative zwischen der Option für Geld und Macht auf der einen Seite und von Gott und Liebe auf der anderen Seite bleibt für jeden einzelnen Menschen und für alle Gemeinschaften und Gesellschaften und Staaten und Staatenverbünde. Auch heute noch werden ganze Erdteile wie Afrika und Südamerika marginalisiert. Wenige Prozent der Weltbevölkerung teilen sich die Ressourcen und haben damit den vorzeitigen Tod von Millionen Kindern, die katastrophalen Zustände für den größeren Teil der Weltbevölkerung unmittelbar zu übernehmen.

# Die Schande unserer Zeit: Der neoliberale Kapitalismus

Als das Sowjetimperium zusammengebrochen war, hofften manche auch auf ein Ende der Befreiungstheologie, die sie in der Nähe von marxistischen Befreiungsbewegungen sahen. In Wirklichkeit ist eine von ihrem Ansatz her richtig verstandene Theologie der Befreiung die beste Antwort in Praxis und Theorie auf die marxistische Religionskritik. Eine umfassende Sicht auf Gott als Schöpfer, Erlöser und Vollender des Menschen lässt die dualistische Falle erkennen, in die man das Christentum tappen lassen wollte. Es gibt keine Alternative zwischen Wohl im Diesseits und Heil im Jenseits, von Gnade und menschlichem Handeln, von kirchlichem Engagement und Weltkritik- und Gestaltung. Gottorientierung und Weltgestaltung, Gottesliebe und Nächstenliebe sind die beiden Seiten einer Münze. Christen lassen sich von niemandem übertreffen, wenn es um die Menschenrechte und -würde geht, wenn die strukturelle Sünde eines ungerechten politischen Systems und die Verantwortungslosigkeit des einzelnen Menschen zugleich der Kritik unterworfen waren.

Bei der Präsentation des ersten Bandes der Gesammelten Schriften des Papstes zur »Theologie der Liturgie« erwähnte ein Redner den schönen Satz: »Als die Mönche im Gotteslob nachlässig wurden, war auch die Suppe für die Armen dünner geworden.«

Gotteslob ruft zur Weltverantwortung und der Einsatz für soziale Gerechtigkeit, Frieden und Freiheit, die Bewahrung der Natur als Grundlage des leiblichen und sozialen Lebens sind in Gottes Schöpfer- und Erlöserhandeln begründet.

Nach dem Zusammenbruch des Staatskommunismus meinten manche, nun sei das Paradies auf Erden durch einen ungezügelten Kapitalismus zu erreichen. Die Selbstregulierungskräfte des Marktes im globalen Maßstab sich selbst überlassen, würden zum Wohlstand für alle oder wenigstens für die meisten führen. Die Realität ist eine andere. Nicht die scheinbar allmächtigen Kräfte des Marktes, sondern Menschen haben aus bloßer Habgier die gegenwärtige Weltfinanzkrise verursacht, deren Zeche wieder einmal die Armen und die Ärmsten der Armen bezahlen müssen mit ihrem Leben und ihrer Gesundheit, mit vorzeitigem Tod und allen entgangenen, von Gott geschenkten Chancen.

In der Vergangenheit haben die Vertreter des Neoliberalismus ihr Menschenbild damit verteidigt, dass man mit der Bergpredigt nicht die Welt regieren könne, ohne zu bedenken, dass es Jesus nicht um die Weltregierung geht sondern, darum, dass der Mensch sich selbst regiert und von Habsucht frei wird und ein Mensch für andere werden kann. Die Kirche verstünde nichts von Wirtschaft und Kapitalismus. Wenn wir unbedingt altruistisch sein wollten, dann könnten wir Sozialarbeit für die Opfer des Kapitalismus leisten.

Die Kirche ins Krankenhaus und in Heime für Sterbende – aber nur keine Ethik für die Wallstreet. Der gewissenlose Ausdruck des neoliberalen Kapitalismus sind z.B. die Geierfonds (*vulture funds*). Gewissenlose Spekulanten haben sich auf Geschäfte mit den Schulden ganzer Länder spezialisiert. Gerät ein Land in Zahlungsschwierigkeiten, werden die Schulden von den »Geiern« mit hohen Abschlägen auf die ursprüngliche Summe aufgekauft und klagt dann mit Zins und Zinseszins eine deutlich höhere Summe ein. Es gelingt auf sehr einfachem Weg ein Land in die endgültige Armut zu führen.

Ende der 1990er-Jahre wurde besonders Peru zum Opfer einer »Investmentstrategie«, die mit einem Einsatz von elf Millionen Dollar einen Gewinn von 58 Millionen machen konnte. Welche Konsequenzen das für die Menschen, die Kinder, die alten und kranken Menschen, die gesamte soziale Struktur eines Landes hat, wird billigend in Kauf genommen. Der reine Gewinn ist das einzige Ziel.

Die ganze Dramatik einer Welt, eines wirtschaftlichen Marktes ohne bindende moralische Vorgaben wird hier auf schreckliche Weise deutlich. Die Gier nach Gold und Geld ist auch heute noch Grund für die Zerstörung moralischer Werte, deren Kraft zum Wohl des Menschen aus der einzigen Quelle stammt, die den Menschen zu seinem Menschsein führt und den Mitmenschen wirklich zum Nächsten werden lässt.

Mit unserer Spiritualität und mit unserem christlichen Bekenntnis unvereinbar bleiben Rassismus und Paternalismus, eine Gesellschaft, die in niedere und höhere Klassen zerfällt und somit nach dem Prinzip des Rechtes des Stärkeren funktioniert und sich somit auflöst.

Nach dem jahrzehntelangen Terror und Gegenterror in Peru auf dem Rücken vieler Tausender unschuldiger Personen und gerade der indigenen armen Bevölkerung ist unter Leitung von Prof. Salomón Lerner die Wahrheits- und Versöhnungskommission eingesetzt worden.[17] Sie alle kennen das Ergebnis der Untersuchungen. Das Ausmaß an Unmenschlichkeit, das an den Tag tritt, ist erschütternd. Es kann nur einen radikalen Neuanfang geben mit einer Entwicklung, die zu einer sozial gerechten Gesellschaft führt mit einer staatlichen Garantie der Menschenrechte. Es bedarf aber auch einer Spiritualität der Menschenrechte. Der einzelne Mensch muss das Bewusstsein von der Verantwortung des Menschen vor Gott und den Geist der Brüderlichkeit in den Tiefen des Gewissens zum innersten Anliegen seiner Persönlichkeit machen. Nur so kann die Gier nach Geld und Macht als Quelle aller Übel eingegrenzt werden. Wenn man Rechtfertigung und Versöhnung nicht sich selber verschaffen will, sondern sie als Gabe Gottes und als Lebensordnung für sich und alle empfängt, kann auch jene Dankbarkeit im Herzen wachsen, die mir ein Menschsein für andere als höchstes Maß des Humanum, der Entfaltungsmöglichkeiten aller einzelnen Menschen im Glanz der Liebe Gottes zeigt. *Deus caritas est*, das ist Ziel und Medium der Befreiung und Vollendung des Menschen hin zum dreifaltigen Gott.

In Peru sind mir zwei Christen begegnet, in denen sich die Sehnsucht des Volkes nach der Erfahrung der unverlierbaren Würde des Menschen symbolisiert. Die heilige Rosa von Lima und Martín Porres sind mir zu lieben Freunden geworden, in denen die Ziele der Befreiung und Erlösung in der Endgestalt aufleuchten. Lassen Sie mich diese Überlegungen beschließen mit der Bitte an die hl. Rosa und den hl. Martin: Sie sollen die Kirche und die Menschen von Peru beschützen mit ihrer Fürbitte beim himmlischen Vater und Schöpfer, dass er uns seinen Sohn offenbare als den Mittler der Hoffnung auf eine Veränderung der Welt zu dem Ziel hin, das uns der pfingstliche Geist aufzeigt: »Alle wurden von Gottesfurcht ergriffen; denn durch die Apostel geschahen viele Wunder und Zeichen. Und alle, die gläubig geworden waren, bildeten eine Gemeinschaft und hatten alles gemeinsam. Sie verkauften Hab und Gut und gaben allen, jedem so viel, wie er nötig hatte, Tag für Tag verharrten sie einmütig im Tempel, brachen in ihren Häusern das Brot und hielten miteinander Mahl in Freude und Einfalt des Herzens. Sie lobten Gott und waren beim ganzen Volk beliebt. Und der Herr fügte täglich ihrer Gemeinschaft die hinzu, die gerettet werden sollten« (Apg 2,43–47).

# »PRÜFET ALLES, DAS GUTE BEHALTET!«

# 25 Jahre Instruktion Libertatis conscientia zur Befreiungstheologie

Für den Band *Eschatologie* der »Joseph Ratzinger Gesammelte Schriften« wurden auch die Texte zur Befreiungstheologie aufgenommen. Vor 25 Jahren erschien die Instruktion der Kongregation für die Glaubenslehre über die christliche Freiheit und Befreiung *Libertatis conscientia*, die vom damaligen Präfekten und dem heutigen Papst Benedikt XVI. unterzeichnet worden ist. Sie enthält die lehramtliche Bewertung der in Lateinamerika entwickelten »Theologie der Befreiung«. Eine Relecture bringt die erstaunliche Weitsicht dieses Dokumentes ans Licht. Die persönlichen Äußerungen von Joseph Ratzinger über die »Theologie der Befreiung« arbeiten die Tendenz heraus, die Theologie zu politisieren und die Kirche auf innerweltliche Aktivitäten zu reduzieren. Damit aber sah er das Wesen von Kirche und Theologie selbst infrage gestellt.

Es geht nicht um ein unreflektiertes Ja oder Nein zur Theologie der Befreiung, sondern um eine *grundlegende Klärung* ihrer positiven Ansätze und ihrer Grenzen und Gefahren. Theologie der Befreiung umfasst in ihren Ausarbeitungen eine Vielfalt von zum Teil gegensätzlichen Konzepten und Autoren. Im Grund geht es aber um die Frage, wie angesichts menschenunwürdiger Lebensverhältnisse die Botschaft von der Liebe Gottes, die umwandelnde Kraft des Evangeliums im Leben des Einzelnen und der Gemeinschaft wirksam werden können.

# Katholische Theologie der Befreiung?

Jede Konzeption einer Theologie der Befreiung bleibt immer dann katholisch, wenn ihre Gesamthermeneutik die heilsgeschichtliche reale Selbstoffenbarung Gottes in seinem Sohn Jesus Christus ist, die der Kirche mit dem Glaubenssinn aller Gläubigen und ihrem Lehramt der Bischöfe und des Papstes zur treuen Auslegung übertragen worden ist. Beide Dokumente der Glaubenskongregation von 1984 und 1986 beabsichtigten, die »Befreiungstheologien«[18] davor zu bewahren, zu politischen Ideologien zu werden und damit ihren eigenen Charakter als Theologie zu verlieren. Die zweite Instruktion von 1986 will dazu vertiefte Unterscheidungen vorlegen: Sie verurteilt jene Tendenzen, die den Blick auf das Übernatürliche verloren haben und scheinbar aufgeklärten, letztlich aber mythologischen Sichtweisen von Befreiungsprozessen und Revolutionen folgen. *Solche »Theologien« waren letztlich bloß Überbau eines marxistischen Projekts.* Die Instruktion hebt andererseits die authentische christliche Auffassung von Mensch und Welt hervor; so bereitet sie einer echten Theologie der Befreiung den Weg, die mit der Soziallehre der Kirche sehr eng verbunden ist und gerade in der Welt von heute ihre Stimme erheben muss. Eine Sichtweise, die aus dem Glauben heraus die ganze, geschichtliche Wirklichkeit des Menschen, als Einzelner und in der Gesellschaft, wahrnimmt, bietet konkrete Handlungsorientierungen nicht nur für den einzelnen Christen, sondern auch auf der Ebene von politischer und wirtschaftlicher Entscheidungen.

Die Aussagen zur Christologie und Soteriologie, zur Gnadenlehre und Anthropologie können nicht existenzialistisch, politisch-revolutionär uminterpretiert und zu Chiffren eines gesellschaftlichen Programms zur Selbsterlösung degenerieren. Glaube darf nicht verkürzt werden auf die Aussage, dass er eigentlich nichts anderes ist als »Treue zur Geschichte«, »Hoffnung auf Zukunftsorientierung« und anderes. In Wirklichkeit sind Glaube, Hoffnung und Liebe göttliche Tugenden, Gaben der Gnade, die aber die Verantwortung für Welt und Geschichte, die Option für die Armen notwendig zur Folge haben müssen. Gottes- und Nächstenliebe gehören untrennbar zusammen. Aber die Liebe zu Gott existiert über allem als eine eigene Wirklichkeit und richtet sich nicht an eine fiktive Person im Jenseits als Appell an ein sozial verantwortliches Handeln. In der patristisch-scholastischen Lehre vom verschiedenen Schriftsinn setzt der moralische Sinn den historischen Sinn voraus und fordert ihn, aber er geht in ihm nicht unter.

Ausgangspunkt der Instruktion von 1986 ist das »Bewusstsein von Freiheit und der Menschenwürde«, das alle Menschen auf der ganzen Welt bewegt und eine »starke Sehnsucht nach Befreiung auslöst.«[19] Da das Evangelium »aus sich selbst eine Botschaft der Freiheit und der Befreiung ist«[20], kann sich die Kirche diese Sehnsucht zu eigen machen. Ihr Urteilsmaßstab ist aber das Evangelium, die geoffenbarte Lehre von der Schöpfung und Erlösung und dem darin eingezeichneten Bild des Menschen in seiner Personalität sowie seiner Zuordnung zur Welt und zur Gesellschaft. *Bei diesem absolut an Gott orientierten Ansatz des christlichen Menschenbildes ist jede Ideologie einer Selbsterlösung des Menschen ausgeschlossen.*

Dies betrifft die kapitalistisch und marxistisch geprägten Fortschrittsideologien. Diese sind im Kern atheistisch angelegt, weil sie die Hinordnung des Menschen auf Gott als Ursprung und Ziel leugnen und als Entfremdung und Abhängigkeit diskreditieren. Diese menschenfeindlichen Systeme ersetzen die Gottesherrschaft durch die Herrschaft des Menschen über den Menschen. Politische Atheismen enden zwangsläufig im Totalitarismus, also der Aufhebung der Freiheit und der Vernichtung der Menschenwürde. Dies belegt die reale geschichtliche Entwicklung im Kommunismus, aber auch in neoliberalen Wirtschaftssystemen, wo das Geld zum Selbstzweck wird – da wird Gott durch das Gold ersetzt, war der Vorwurf des Anwaltes der versklavten Indios, des Bischofs Bartolomé de Las Casas.

# In Gott allein begründet: Die Freiheit des Menschen

Die Freiheit des Menschen ist im Schöpfungs- und Erlösungshandeln des transzendenten Gottes begründet und hat eine transzendente Dimension. Somit kann die geschaffene Welt und die innerweltliche Zukunft nicht das letzte Ziel des Menschen sein und seine Berufung zum ewigen Heil und Glück ausmachen. Der damalige Präfekt der Glaubenskongregation, Joseph Kardinal Ratzinger, hat sich anlässlich der Verleihung der Ehrendoktorwürde der Universität Lima 1986 einerseits kritisch mit der Befreiungstheologie auseinandergesetzt. Vor allem entlarvte er den »Mythos einer notwendigen und zugleich lenkbaren Entwicklung aller Geschichte zur Freiheit hin«[21] und die falsche Gegenüberstellung bzw. das verkürzte Verständnis von Geschichte und Freiheit bei einigen Befreiungstheologen. Andererseits aber stellte er die weiterführende Frage: »Bedeutet nun der Realismus der christlichen Freiheitsidee, dass der Mensch sich resigniert in seine Endlichkeit zurückzieht und nur noch Mensch sein will? Keineswegs. Im Licht der christlichen Gotteserfahrung wird sichtbar, dass die unumschränkte Beliebigkeit des Alles-Könnens einen Götzen zum Modell hat und nicht Gott. Der wirkliche Gott ist Selbstbindung in dreifaltiger Liebe und so die reine Freiheit. Dieses Gottes Bild zu sein, ›zu werden wie er‹, ist des Menschen Berufung.«[22]

Gerade die Abweisung eines Freiheitsbegriffs, »dessen Grundmaßstab die Anarchie und dessen Weg das systematische Beseitigen von Bindung ist«[23], mit der Unterscheidung von übernatürlichem Ziel und geschichtlicher Verantwortung gibt der christlichen Freiheit als Gnade eine unabschließbare Dynamik zur Gestaltung der irdischen Lebensbedingungen nach dem Maß der Menschenwürde, der Freiheit und Gerechtigkeit im Zusammenleben der Menschen in den Familien, den Staaten und der Weltgemeinschaft.

Ein Blick in die Heilige Schrift zeigt, dass die Bundesgeschichte eine Befreiungsgeschichte ist mit einer immer deutlicher hervortretenden Option Gottes für die Armen, sodass sich aus der Soteriologie immer auch eine Ethik ergeben muss. »Die befreiende Mission der Kirche« – so das zentrale Kapitel IV der Instruktion – nimmt ihren Ausgang an der befreienden Botschaft Jesu und seiner Reich-Gottes-Praxis. Die Kirche weist positiv auf »die Grundlagen der Gerechtigkeit in der zeitlichen Ordnung«[24] und bleibt ihrer prophetisch-kritischen »Sendung treu, wenn sie die Irrwege, Sklavereien und Unterdrückungen anprangert, denen die Menschen zum Opfer fallen.«[25] Die Kirche verurteilt aber ihrer Sendung gemäß auch die Methoden, die Gewalt mit Gewalt, Terror mit Terror und Entrechtung mit Entrechtung vergelten wollen.

Bei allen seelischen und materiellen Übeln, von denen große Teile der Menschheit in ungerechten Systemen geplagt werden, ergreift die Kirche die vorrangige »Option für die Armen«[26], nicht um Konflikte anzuheizen, sondern um Schranken zwischen Klassen zu überwinden und Solidarität, die

Menschenwürde und die Subsidiarität zu den allgemein geltenden Prinzipien einer Gesellschaftsordnung zu machen. Im Verhältnis von persönlicher Sünde und Strukturen ist zu sagen, dass es »eine Struktur der Sünde« (Johannes Paul II.[27]) als Ergebnis von kollektiven Fehlentwicklungen und Ausdruck falscher Mentalitäten gibt. Diese können Sünde genannt werden, weil sie aus der Sünde kommen und zur Sünde hinführen. Aber das schließt die individuelle Verantwortung des Einzelnen nicht aus. Keiner kann sich entschuldigen, dass das System ihn gezwungen habe, andere Menschen auszubeuten und zugrunde zu richten, damit er seinen Lebensunterhalt erwerben könne.

Nirgends bestimmen sogenannte geschichtlich notwendige Prozesse gleichsam fatalistisch den Menschen und entheben ihn des freien Gebrauchs seiner Verantwortung vor Gott. Nicht das »Schicksal« oder »geschichtliche Gesetzmäßigkeiten«, sondern die »Providentia Dei« bestimmt den Lauf der Geschichte in Bezug auf die menschliche Freiheit und ihre Vollendung in der Liebe – sowohl im irdischen Leben wie auch im Hinblick auf die übernatürliche Berufung des Menschen.

Es bleibt der Vorrang der Person vor der Struktur. Deshalb hat die befreiende Praxis der Christen, die sich aus der Befreiung von der Sünde und der Mitteilung der Gnade ergibt, sowohl die Veränderung und stetige Verbesserung der materiellen und gesellschaftlichen Lebensbedingungen zur Folge, wie sie auch die personale Begegnung von Mensch zu Mensch in der Liebe Christi als das Herzstück des Christseins begreift: »Eine noch nie da gewesene Herausforderung ist heute den Christen gestellt, die sich um die Verwirklichung der Zivilisation der Liebe bemühen, die das ganze ethisch-kulturelle Erbe des Evangeliums in sich zusammenfasst. Diese Aufgabe verlangt eine neue Besinnung auf das, was das Verhältnis zwischen dem Hauptgebot der Liebe und der sozialen Ordnung in ihrer ganzen Vielschichtigkeit bildet.« Es geht um die »großen Anstrengungen in der Erziehung zur Zivilisation der Arbeit, zur Solidarität« und um »den Zugang aller zur Kultur«.[28] Eine solche Anstrengung ist für die Kirche notwendig und Hilfe für die Armen und Notleidenden in aller Welt.

Die Instruktion der Glaubenskongregation hat den positiven Gehalt aus den neuen theologischen Ansätzen herausgearbeitet und gezeigt, dass und wie eine »authentische Theologie der Befreiung« (Johannes Paul II.) und die katholische Soziallehre für den Dienst der Kirche an der Welt unentbehrlich sind. Es muss das Anliegen aller sein, die christliche Lehre von der Freiheit und Würde des Menschen konkret wirksam zu machen.

# GUSTAVO GUTIÉRREZ – VATER DER BEFREIUNGSTHEOLOGIE

# Lateinamerika heute

Das wochenlange Geiseldrama in der japanischen Botschaft von Lima im Jahr 1996 hat schlaglichtartig die politisch hochexplosive Lage in Peru und ganz Lateinamerika ins Bewusstsein der Weltöffentlichkeit zurückgebracht. Revolutionäre Bewegungen, Bürgerkriege und Terrorismus sind allerdings nicht die Ursachen, sondern nur die unübersehbaren Anzeichen der sozial und wirtschaftlich verheerenden Situation, in der sich die große Mehrzahl der Menschen dieses Kontinents befindet. Nach dem Fall der Berliner Mauer und dem Zusammenbruch des kommunistisch beherrschten Ostblocks schien es vielen Beobachtern nur eine Frage der Zeit zu sein, bis dieser krisengeschüttelte Erdteil seinen Widerstand gegen die schon Jahrhunderte währende Ausbeutung und Deklassierung zuerst durch die Kolonialmächte und dann durch die nordamerikanisch-europäischen Wirtschaftszentren aufgeben musste. Die naturgegebene Rollenverteilung zwischen reichen und armen Ländern schien sich wieder eingependelt zu haben. Es kann doch – so hörte man – nur der Virus des Marxismus dafür verantwortlich sein, wenn sich die Menschen urplötzlich gegen ihre Ausnutzung als billige Arbeitskräfte und den Abtransport der Rohstoffe ihres Landes zu einem Spottpreis zur Wehr setzen, wenn sie nicht mehr verzichten wollen auf medizinische Grundversorgung, eine an Recht und Gesetz orientierte staatliche Verwaltung, auf Schulbildung und eine Wohnung unter menschenwürdigen Umständen.

In das Triumphgefühl eines vermeintlich siegreichen Kapitalismus mischte sich die Schadenfreude, dass der *Theologie der Befreiung* nun auch der Boden entzogen sei. Die Theologie der Befreiung, als deren Urheber Gustavo Gutiérrez, Leonardo Boff, Jon Sobrino, Victor Codina u.a. gelten, war oft der Verbindung zum Kommunismus bezichtigt worden. Man glaubte, leichtes Spiel mit ihr zu haben, indem man sie mit revolutionärer Gewalt und dem Terrorismus marxistischer Gruppen in Verbindung brachte.

In dem berüchtigten Geheimdokument für Präsident Reagan forderte im Jahr 1980 das Komitee von Santa Fé die US-amerikanische Regierung auf, gegen die Theologie der Befreiung und die von ihr geprägte katholische Kirche Lateinamerikas offensiv vorzugehen: »Die Rolle der Kirche in Lateinamerika ist von vitaler Bedeutung für die Konzeption der politischen Freiheit. Leider haben die marxistisch-leninistischen Kräfte die Kirche als politische Waffe gegen das Privateigentum und das System der kapitalistischen Produktionsweise gebraucht, indem sie die Religionsgemeinschaft mit Ideen infiltrierten, die weniger christlich als vielmehr kommunistisch sind.«[29] Bestürzend ist an diesem Dokument die Unverfrorenheit, mit der die für dieses Dokument verantwortlichen Vertreter brutaler Militärdiktaturen und Machtoligarchien ihr Interesse an Privateigentum und kapitalistischer Produktionsweise zum Kriterium dessen machen, was als christlich zu gelten hat.

Für den europäischen Hörer muss verdeutlicht werden, dass Privateigentum hier nicht das sauer verdiente kleine Vermögen meint, sondern den Besitz gigantischer Ländereien oder z.B.

von Kupfer- und Silberminen, dem Millionen von besitz- und rechtlosen Kleinbauern und Arbeitern gegenüberstehen. Vor diesem Hintergrund ist auch die politisch und finanziell geförderte Aktivität fundamentalistischer Sekten zu sehen. Der Kampf der Befreiungstheologie um eine ganzheitliche Sicht von Gnade und Erlösung soll abgewehrt werden, indem man die Rolle der Religion auf Jenseitsvertröstung und innerliche Erbauung festlegt und sie damit als Stabilisierungsfaktor einer sozial ungerechten Gesellschaft missbraucht. Einen Ausbund an Menschenverachtung bildete die Absicht bestimmter Institutionen aus Nordamerika, Lebensmittel und Hilfslieferungen für Peru von einer drastischen Senkung der Geburtenrate abhängig zu machen. Diese Bedingung wurde von der peruanischen Regierung erfüllt, indem unter dem Vorwand von Gesundheitsuntersuchungen Männer und Frauen gegen ihr Wissen und ihren Willen mit empfängnisverhütenden Mitteln injiziert oder überhaupt sterilisiert wurden. Die Devise schien hier zu lauten: Bekämpfung der Armut durch Dezimierung der Armen. Indem man unterstellt, dass die hohe Geburtenzahl die Ursache des Elends sei, lenkt man von den wahren Ursachen ab. In Peru, das fünfmal größer ist als Deutschland und fünfmal weniger Bewohner hat, kann von Überbevölkerung wohl kaum die Rede sein. Wer aus eigener Anschauung die millionenfache Entwürdigung der Menschen, ihre Versklavung und Ausbeutung kennt, wird sich von der viel gerühmten Effizienz und Überlegenheit des Kapitalismus kaum mehr überzeugen lassen. Um Missverständnisse zu vermeiden ist eine Klärung der Vokabel »Kapitalismus« unerlässlich. Im lateinamerikanischen Kontext steht das Wort Kapitalismus für das zum alleinigen Prinzip menschlichen Handelns erhobene schrankenlose Streben nach persönlichem Reichtum. Diese Art von Kapitalismus hat gar nichts zu tun mit einem freien Unternehmertum, in dem Menschen ihre Arbeit und Fähigkeiten einbringen in das Funktionieren einer sozialen Marktwirtschaft im Kontext eines demokratisch aufgebauten Rechtsstaates. Angesichts des Versagens des kapitalistischen Systems und der ihm zugehörigen menschenverachtenden Mentalität bleibt die Befreiungstheologie von einer unmittelbaren Aktualität. Was die Befreiungstheologie grundsätzlich vom Marxismus und Kapitalismus unterscheidet, ist gerade das, was diese beiden Systeme in all ihrer Gegensätzlichkeit innerlich miteinander verbindet: nämlich ein Menschenbild und eine Gesellschaftsauffassung, in der Gott, Jesus Christus und das Evangelium keine Rolle für die Humanisierung des Menschen in individueller und sozialer Hinsicht spielen dürfen.

Die Befreiungstheologie wird jedoch nicht tot sein, solange sich Menschen von dem befreienden Handeln Gottes anstiften lassen und die Solidarität mit den leidenden Mitmenschen, deren Würde in den Dreck gezogen wird, zum Maß ihres Glaubens und zur Triebfeder ihres gesellschaftlichen Handelns machen. Befreiungstheologie bedeutet kurz gesagt, an Gott als einen Gott des Lebens und Garant eines ganzheitlich verstandenen Heils des Menschen zu glauben und den Göttern Widerstand zu leisten, die vorzeitigen Tod, Armut, Verelendung und Entwürdigung des Menschen bedeuten.

# Gustavo Gutiérrez: als Mensch, Christ und Theologe

Dem Begriff nach geht die »Theologie der Befreiung« auf den Titel eines Vortrages zurück, den Gustavo Gutiérrez 1968 im Norden Perus, in Chimbote, gehalten hat. Diese Formulierung dient auch als Titel seines berühmtesten Buches *Teología de la liberación* von 1972. Darin befindet sich eine umfangreiche Einleitung, in der Gustavo Gutiérrez klärend auf bestimmte missverständliche Begriffe, wie z.B. die vorrangige Option für die Armen, den Klassenkampf, die Dependenztheorie, die strukturelle oder soziale Sünde zu sprechen kommt. Zugleich entkräftet er überzeugend die Vorwürfe eines Horizontalismus und einer Immanentisierung des Christentums.

Gutiérrez, der von vielen als Vater der Befreiungstheologie angesehen wird, hebt seinerseits hervor, dass die Befreiungstheologie nicht ein theoretisches Konstrukt ist, das an einem Schreibtisch entstanden ist. Die Befreiungstheologie sieht sich in der Kontinuität mit der Gesamtentwicklung der katholischen Theologie in diesem Jahrhundert. Im Hinblick auf die neuen soziologischen Strukturen, die sich aus dem Umbruch zur modernen Industriegesellschaft, zur Globalisierung der Märkte und der internationalen Vernetzung aller Informationssysteme ergeben haben, ist hier auf die *Soziallehre der Päpste* zu verweisen, angefangen von der Enzyklika »Rerum novarum« Leos XIII. über die Enzyklika »Populorum progressio«

Pauls VI. wie auch die Rollenbeschreibung der Kirche, die aufseiten der Armen zu stehen hat, bei Johannes XXIII. Dazu kommen die umfänglichen Lehrschreiben und Aktivitäten von Papst Johannes Paul II.

Eine besondere Quelle für die Befreiungstheologie ist die Pastoralkonstitution des II. Vatikanums *Gaudium et Spes*. Die Kirche in der Welt von heute. Schon in der Kirchenkonstitution *Lumen gentium* hatte das Konzil die Kirche nicht als eine von der Welt abgeschiedene, sich selbst genügende Religionsgemeinschaft präsentiert, sondern als das Sakrament des Heils der Welt. Indem Kirche als Zeichen und Werkzeug für die Einheit Gottes mit den Menschen und der Menschen untereinander wirkt, erscheint sie als Dienerin des Heils, das Gott historisch einmalig und endgültig in Jesus Christus konstituiert hat und das er im Heiligen Geist zum fortdauernden Prinzip der Menschheitsgeschichte und des Aufbaus einer menschenwürdigen Gesellschaft gemacht hat.

So haben sich die großen lateinamerikanischen Bischofsversammlungen von Medellín (1968), Puebla (1979) und Santo Domingo (1992) verstanden als eine Umsetzung und Konkretisierung der Gesamtentwicklung der katholischen Theologie im 20. Jahrhundert in den sozialen, kulturellen und geistigen Kontext des lateinamerikanischen Subkontinents. Wesentlich hierfür ist auch das ganz Lateinamerika erfassende neue Kirchenverständnis des II. Vatikanums. Die noch in die Kolonialzeit zurückreichende und bis heute nachwirkende Spaltung der Kirche in einen kleinen Kreis von Verantwortlichen, von Bischöfen, Priestern und Ordensleuten, die der weißen Bevölkerungsschicht angehören bzw. als ausländische Missionare gekommen sind auf der einen Seite, und einer passiven, religiös nur betreuten, unmündig gehaltenen Bevölkerung aus den sog. Indios der Urbevölkerung, den Nachkommen der schwarzen Sklaven und der Mestizen auf der anderen Seite, ist mit dem Kirchenverständnis des Konzils gänzlich unvereinbar. Heute verstehen sich alle Laien, Männer und Frauen, wie auch ausländische und in zunehmender Zahl und Bedeutung auftretende einheimische Priester, Katecheten und Ordensschwestern als Träger der Gesamtsendung der Kirche.

Die sicher mehr als hunderttausend Basisgemeinden sind ein lebendiger Beweis für eine unmittelbare Identifikation des Volkes mit der Kirche. Die Armen und Deklassierten begreifen sich in ihrer Würde als Personen vor Gott, indem sie aktiv das Leben der kirchlichen Gemeinschaft mittragen und so die Sendung der Kirche als Sakrament des Heils der Welt erfüllen. Damit entsteht auch ein neues Verständnis von Theologie. Der berufsmäßige Theologe tritt ein in den Erfahrungszusammenhang des Glaubens und der Religiosität des Volkes. Er nimmt teil an seinen Leiden und Hoffnungen. So ist Befreiungstheologie im besten Sinne des Wortes aus der Gemeinde erwachsene kontextuelle Theologie. So wird auch die Kluft zwischen einer gelehrten Universitätstheologie und einer gläubigen Reflexion der konkreten Erfahrungen der Gemeinden überwunden.

Gustavo Gutiérrez versteht sich nicht, wie in Europa lange Zeit üblich, als ein Theologieprofessor, der in seiner Freizeit auch noch in einer Pfarrei aushilft. Er ist Mitglied einer Gemeinde und ihr Seelsorger, der theologische Reflexion nicht um ihrer selbst willen betreibt. Für ihn geht die pastorale Arbeit der notwendigen theologischen Reflexion voran, die ihrerseits wieder in die pastorale und gesellschaftliche Praxis einmünden muss. So ist er, der Pfarrer im Armenviertel Rimac in Lima, gleichzeitig Professor an der Katholischen Universität in Lima. Er schreibt Bücher, die in alle Weltsprachen übersetzt sind, und hält theologische Wochen und geistliche Vorträge für Hörer aller Fakultäten. Für sein international beachtetes wissenschaftliches Werk ist er bisher von 14 Universitäten in Holland, Peru, den USA, Kanada und in Deutschland, in Tübingen und Freiburg im Breisgau, mit der Ehrendoktorwürde ausgezeichnet worden. Gleichzeitig organisiert er Suppenküchen für die Hungernden in seiner Pfarrei. Gustavo Gutiérrez, der am 8.Juli 1928 in Lima geboren wurde, wird heute mit Recht zu den international bekanntesten Theologen gezählt, die nicht europäischer Abstammung sind. Sein ungeheures wissenschaftliches und pastorales Lebenswerk ist einer oft sehr anfälligen Gesundheit und einer nicht gerade robust zu nennenden körperlichen Konstitution abgerungen worden.

Zu den bekanntesten Werken, die auch in deutscher Sprache vorliegen, gehören »Die historische Macht der Armen« und »Aus der eigenen Quelle trinken«. Bei letzterem, dessen Titel auf eine Formulierung des hl. Bernhard von Clairvaux zurückgeht, soll die spirituelle Fundierung der Befreiungstheologie herausgestellt werden. Das Buch »Gott oder das Gold« zeigt den befreienden Weg des berühmten und bereits angesprochenen Dominikaners und Bischofs Bartholomé de las Casas, der zu Beginn der spanischen Kolonialzeit neben vielen anderen

Theologen aus dem Dominikaner- und Jesuitenorden als Vorkämpfer der Menschenrechte und der Menschenwürde der Indios aufgetreten war. Es ist übrigens viel zu wenig bekannt, dass es vor allem spanische Theologen, u.a. Franz von Vitoria in Salamanca, waren, die mit ihrer Kritik an der Entmündigung der lateinamerikanischen Urbevölkerung schon zweihundert Jahre vor der Aufklärung die Themen Menschenrechte und Völkerrecht auf den Weg gebracht haben. Mit dem schon genannten Hauptwerk »Theologie der Befreiung« hat sich Gustavo Gutiérrez sicher einen Platz unter den theologischen Klassikern der zweiten Hälfte des 20. Jahrhunderts gesichert.

Gutiérrez weist oft das Missverständnis der Befreiungstheologie bei ihren Sympathisanten und Gegnern zurück, dass hier Theologen am Werke seien, die sich besonders für die soziale und politische Dimension des menschlichen Lebens interessierten und dabei auch in Gefahr geraten, auf den ihnen fremden Gebieten der Ökonomie, Politik und Soziologie zu dilettieren, während sie das eigentliche Thema der Theologie, nämlich den Grundbezug des Menschen zu Gott, aus dem Auge verlieren. Wer den Ansatz der Befreiungstheologie dagegen ernst nimmt, kann über den strikt theozentrischen und christozentrischen Ansatz ebenso wenig verwundert sein wie über die Einbindung in die lebendige Gemeinschaft der Kirche.

Ähnlich wie Dietrich Bonhoeffer im europäischen Kontext der Säkularisierung den Nichtglaubenden als den eigentlichen Gesprächspartner der christlichen Theologie entdeckt hatte, indem er fragte: »Wie kann man in einer mündig gewordenen Welt von Gott sprechen?«, so fragt Gustavo Gutiérrez im Blick auf die in ihrer Mehrheit gläubigen Gesprächspartner in Lateinamerika: »Wie kann man von Gott sprechen angesichts des Leidens, des vorzeitigen Todes und der in ihrer Personwürde verletzten Armen von Lateinamerika?«

Den Anstoß zu einer inneren Vermittlung der Rede von Gott und der konkreten Parteinahme für den Menschen, der umfassend von Gott her das Heil erwartet, hatte Gustavo Gutiérrez von seinen theologischen Lehrern in Löwen, Lyon und Rom empfangen. Die Autoren, die ihn besonders beeinflusst haben, sind u.a. Maurice Blondel, Henri de Lubac, Juan Alfaro und Karl Rahner. Gutiérrez, der nach dem Studium der Medizin und Literaturwissenschaft zur Philosophie und Psychologie gekommen war, die er mit einer Lizenziatsarbeit über Sigmund Freud abschloss, hatte sich relativ spät zum Theologiestudium entschlossen, nachdem er seine Berufung zum Priestertum erkannt hatte.

Im Alter von 31 Jahren wurde er in Lima geweiht. Den so verschiedenen Studiengängen lag sicher der gleiche Grundimpuls zugrunde: nämlich die Sorge um die Menschen. Von seinen theologischen Lehrern ließ er sich von der damals hochaktuellen Diskussion um das Verhältnis von Natur und Gnade prägen, das für die gesamte neue Verhältnisbestimmung des Christentums zum säkularen und autonomen Menschenbild der europäischen Aufklärung und Moderne ausschlaggebend ist. Die Frage heißt hier kurz gesagt: Gibt es zwei parallele Ordnungen, eine säkular-autonome Zielbestimmung des Menschen und eine übernatürliche Offenbarung, sodass sich der Mensch in zwei völlig unabhängig voneinander existierenden

Gedanken- und Lebenskreisen bewegt? Oder ist der Mensch nicht in seiner inneren personalen Einheit und Mitte von Gott angesprochen und zu einer religiösen und ethischen Gestaltung seiner individuellen und sozialen Existenz aufgerufen?

Im Ansatz seiner theologischen Konzeption, die Offenbarung als Synthese der Befreiung des Menschen durch Gott und als Mitwirkung der Menschen am befreienden und erlösenden Handeln Gottes versteht, bilden Schöpfung und Erlösung, Glaube und Weltgestaltung, Transzendenz-Bezug und Immanenz-Orientierung, Geschichte und Eschatologie, spiritueller Bezug zu Christus und Identifikation mit ihm in einem Leben der Nachfolge eine untrennbare Beziehungseinheit. Die Befreiungstheologie führt damit über das starre Schema eines Diesseits-Jenseits-Dualismus hinaus, wobei die Religion reduziert wird auf mystisches Erlebnis und private Moral, für die als Lohn ein besseres Leben im Jenseits verheißen ist.

Theologie der Befreiung beruft sich nicht auf eine neue Offenbarung. Sie will nur eine neue Art sein, die Mitwirkung der Christen an der weltverändernden Praxis Gottes herauszustellen. So kommt Gutiérrez gleichsam zu einer definitorischen Umschreibung: »Theologie als kritische Reflexion auf die historische Praxis ist also eine befreiende Theologie, eine Theologie der befreienden Veränderung von Geschichte und Menschheit und deshalb auch die Umgestaltung jenes Teils der Menschheit, der – als ecclesia vereint – sich offen zu Christus bekennt. Theologie beschränkt sich dann nicht mehr darauf, die Welt gedanklich zu ergründen, sondern versucht, sich als ein Moment in dem Prozess zu verstehen, mittels dessen die

Welt verändert wird, weil sie – im Protest gegen die mit Füßen getretene menschliche Würde, im Kampf gegen die Ausbeutung der weitaus größten Mehrheit der Menschen in der Liebe, die befreit, und bei der Schaffung einer neuen und gerechten geschwisterlichen Gesellschaft – sich der Gabe des Reiches Gottes öffnet.«[20]

Zu betonen ist, dass Erlösung und Befreiung Synonyme sind für die umfassende und ganzheitliche Konfrontation des Menschen mit Gott, der sich in Jesus Christus auf den leidenden und heilsbedürftigen Menschen eingelassen hat. Gutiérrez unterscheidet bei Befreiung bzw. Sünde *drei* Dimensionen: Sünde ist im Innersten Bruch der Freundschaft mit Gott und den Mitmenschen und darum die Wurzel aller inneren und äußeren Versklavung des Menschen.

Dies zeigt sich in einem zweiten Aspekt, dass wir uns aus der inneren Sklaverei an die Mächte einer rücksichtslosen Profitgier lösen müssen, indem wir auf einer dritten Ebene die Unterdrückung, Marginalisierung und Ausbeutung und die sich darin manifestierenden mörderischen ökonomischen und sozialen Missstände – das ist die soziale und strukturelle Sünde, als Manifestation der personalen Sünde – im Sinne der Nachfolge Christi zu überwinden versuchen.

Zu differenzieren sind in diesem Zusammenhang auch die Begriffe *Armut* und *Hunger*. Biblisch gesehen bedeutet Armut einmal das den Menschen entwürdigende Elend, dann die Bezeichnung der allgemeinen Erlösungsbedürftigkeit der Menschen, denen das Evangelium verkündet wird, und dann Armut als spirituelle Offenheit und Verfügbarkeit für den Dienst am Reich Gottes. In diesem Sinn ist auch die weltweit berühmt gewordene Formulierung von Papst Johannes Paul II. zu verstehen, der in einem Brief an die brasilianischen Bischöfe die Notwendigkeit der Theologie der Befreiung hervorhob. Er ließ sich von ihr inspirieren, als er in Villa El Salvador, einem Armenviertel von Lima, vor Millionen von Menschen ausrief: »Der Hunger nach Brot muss verschwinden, der Hunger nach Gott wird bleiben.«

## Die Befreiungstheologie als Schrittmacherin der kirchlichen Sendung

Die Befreiungstheologie, wie Gustavo Gutiérrez sie entworfen hat, ist nicht eine religiös drapierte Soziologie. Befreiungstheologie ist Theologie im strengen Sinn. Sie predigt nicht Klassenkampf, sondern die Überwindung des real existierenden Antagonismus von Klassen und Machtgruppen und auch des Rassismus, woraus Elend und Entwürdigung des größten Teils der Menschheit hervorgehen.

Grundlage ist der Glaube, dass Gott den Menschen als sein Bild geschaffen hat und dass sich Gott in seinem Sohn Jesus Christus für den Menschen engagiert hat bis zur Inkaufnahme des Jesus von seinen Widersachern zugedachten Todes. Das Ziel ist, in allen Dimensionen des menschlichen Lebens Gott als den Gott des Lebens und Überwinder des Todes erkennbar zu machen. Befreiungstheologie steht gegen alle Dualismen, die Gott in ein Jenseits und das Heil in eine Innerlichkeit verbannen wollen. Der Mensch steht in der inneren Spannung des Angesprochenseins von Gott in Schöpfung, Heilsgeschichte und der erwarteten Vollendung über die Grenzen des individuellen Todes und des allgemeinen Endes der Geschichte hinaus. Christlicher Glaube bedeutet, verstehend und handelnd in dem Veränderungsprozess der Geschichte teilzunehmen, den Gott im Heilshandeln Jesu Christi endgültig als Bewegung auf ihn hin eröffnet hat.

Aus diesen Gründen ergibt sich für die Theologie ein methodischer Dreischritt:

*Erstens:* Im Glauben nehmen Christen in der Nachfolge Jesu aktiv teil an Gottes Praxis der Befreiung des Menschen zu seiner persönlichen Würde und zu seinem Heil. Bei der Gesellschaftsanalyse greift die Befreiungstheologie auch auf die Methoden der Human- und Sozialwissenschaften zurück. Somit unterscheidet sie sich von der klassischen Theologie, indem sie nicht allein die Philosophie zum Gesprächspartner hat. Hier haben die kritischen Anfragen der Glaubenskongregation (»Libertatis nuntius« 1984) ihre Berechtigung, insofern eine differenziertere Beurteilung von sozialwissenschaftlichen Ergebnissen und der oft damit verbundenen ideologischen Verengungen angemahnt wurde. Bekanntlich ist in der zweiten Erklärung der Glaubenskongregation (»Libertatis conscientia« 1986) die Befreiungstheologie in einem umfassenden Sinne gewürdigt worden.

Als *zweiter* methodischer Schritt ergibt sich nun die kritische und rationale Reflexion der Gesellschaftsanalyse, der nationalen und internationalen Ursachen wie auch der historischen und strukturellen Dimensionen des Massenelendes im Lichte des Evangeliums und nach Maßgabe der Offenbarung.

Schließlich muss es im *dritten* Schritt um eine kritisch reflektierte aktive Veränderung der empirischen Wirklichkeit gehen. Denn das Ziel ist die Herrschaft Gottes auf Erden, wie Jesus sie verkündigt hat. Die Gottesherrschaft ist dabei zu verstehen als ein dynamisches Prinzip, das die konkrete Situation der Menschen, die unter der Entfremdung von Gott leiden, zur Triebfeder der individuellen und sozialen Gestaltung des menschlichen Lebens macht. Daraus erfolgt die vorrangige Option für die Armen und für die Menschen, die ihrer Menschenwürde beraubt sind. Die Option der Armen schließt nicht die Reichen aus. Denn auch sie sind Ziel des Befreiungshandelns Gottes, indem sie von der Angst befreit werden, in der sie meinen, das Leben auf Kosten anderer an sich reißen zu müssen. Das Befreiungshandeln Gottes gegenüber Armen und Reichen zielt auf eine Subjektwerdung des Menschen und damit auf seine Freiheit gegenüber jeder Form von Unterdrückung und Abhängigkeit.

Dass die Erlösung als befreiendes Handeln zu verstehen ist, zeigt sich schon im Alten Testament in der Exoduserfahrung. Gott verweist die versklavten Israeliten nicht auf ein besseres Jenseits, sondern er führt sie hinein in das Land der Verheißung, das ein Land der Freiheit ist. Das Befreiungshandeln Gottes kulminiert im Christusereignis. Jesus verkündete die Herrschaft Gottes als Evangelium für die Armen, die Ausgestoßenen, die Kranken. Jesus hat das Befreiungshandeln Gottes auch noch gegenüber dem Widerstand der Sünder bewiesen, indem er die Liebe Gottes bis in seinen eigenen Tod hinein als Grund menschlicher Existenz im Leben und im Sterben bewiesen hat. Durch Kreuz und Tod Jesu hat Gott die Welt als das Feld der sich durchsetzenden neuen Schöpfung qualifiziert. Das Kreuz ist darum die Offenbarung der Option Gottes für die Leidenden, die Entrechteten, die Gefolterten und Gemordeten. In der Auferweckung Jesu von den Toten hat Gott ursprünglich und exemplarisch für alle gezeigt, was Leben eigentlich ist und wie Freiheit sich umsetzen kann in ein Da-sein-Können für die anderen und in einen Kampf um menschenwürdige Daseinsbedingungen.

Man kann Gustavo Gutiérrez in seiner Bedeutung als Theologe und überzeugten Christen wohl am besten mit den Schlussworten seines Werkes »Theologie der Befreiung« charakterisieren: »Die Theologie der Befreiung wird zu einer Fehlanzeige, wenn es ihr nicht gelingt, die Aktion der christlichen Gemeinde in der Welt zu dynamisieren und das Engagement für die Liebe voller und radikaler werden zu lassen, d.h. konkret: wenn sie es nicht fertigbringt, dass die Kirche in Lateinamerika sich entschieden und ohne großes Wenn und Aber auf die Seite der ausgebeuteten Klasse und unterdrückten Völker stellt. Wir werden uns davor hüten müssen, einer intellektuellen Selbstgefälligkeit und einem Art von Triumphalismus zu erliegen, der in gebildeten und avancierten ›neuen‹ Interpretationen des Christentums besteht. Das einzig Neue liegt darin, Tag für Tag das Geschenk des Geistes anzunehmen, der uns in unseren Entscheidungen für eine wirkliche Geschwisterlichkeit unter den Menschen und in unseren geschichtlichen Initiativen zur Umstürzung einer ungerechten Ordnung die Möglichkeit schenkt, mit der vollen Hingabe zu lieben, mit der Christus uns geliebt hat. Als Paraphrase eines bekannten Textes von Pascal könnten wir sagen: Alle politischen Theologien, alle Theologie der Hoffnung, der Revolution und der Befreiung, gelten nicht so viel wie eine echte Initiative im Sinne der Solidarität mit den ausgebeuteten Klassen der Gesellschaft. Sie wiegen einen ernsthaften Akt des Glaubens, der Liebe und der Hoffnung nicht auf, wenn dieser sich – wie auch immer – in die Pflicht der aktiven Mitarbeit an dem Werk genommen weiß, das den Menschen von allem befreit, was ihm entmenschlicht und daran hindert, nach dem Willen des Vaters zu leben.«[31]

# AN DER SEITE DER ARMEN – EINE THEOLOGIE DER BEFREIUNG

Gerade das Buch »An der Seite der Armen«[32] ist – und dies ist kein Zufall – »vierhändig« geschrieben worden. Denn die Theologie der Befreiung hat für mich ein ganz spezielles Gesicht: das Gesicht von Gustavo Gutiérrez. Aus diesem Grund möchte ich kurz über die Bedeutung und Wichtigkeit dieser Freundschaft sprechen, und zwar nicht nur für mein Verständnis dieser kirchlichen und theologischen Strömung, sondern auch für die Entwicklung meines eigenen theologischen Nachdenkens. Es ist jetzt über 25 Jahre her, dass Josef Sayer – der viele Jahre Hauptgeschäftsführer von *Misereor* war – mich eingeladen hat, zusammen mit anderen deutschen und österreichischen Theologen an einem Seminar zur Theologie der Befreiung teilzunehmen, das eben von Professor Gustavo Gutiérrez geleitet wurde und am bekannten Institut Bartolomé de Las Casas in Lima in Peru stattfand.[33]

Es war im Jahr 1988. Ich hatte einige Jahre davor den Ruf an den Lehrstuhl für Dogmatik der Ludwig-Maximilians-Universität in München erhalten; und da ich so die Werke der Vertreter dieser Strömung der katholischen Theologie eingehend studieren konnte, waren mir die großen Dokumente, auf die sie sich bezog, vertraut: die Konzilstexte und die Texte der Nachkonzilszeit wie auch die Erklärungen der 2. und der 3. Generalversammlung des lateinamerikanischen Episkopats in Medellín und Puebla. Ich nahm teil an der Diskussion, die die Theologie der Befreiung ausgelöst hatte, und ich kannte auch gut die beiden entsprechenden »Instruktionen« der Kongregation für die Glaubenslehre: *Libertatis nuntius* von 1984 und *Libertatis conscientia* von 1986, beide unterzeichnet vom damaligen Präfekten Kardinal Joseph Ratzinger.

Nun erwies sich die persönliche Begegnung mit Gustavo Gutiérrez für mich als besonders fruchtbar für die Reifung eines Verständnisses dessen, was eine Theologie ist, die über die sozusagen bloß »passive« und theoretische, wissenschaftlich-akademische Dimension hinausgeht.

Während dieses Aufenthalts in Lima verbrachten wir einige Zeit zusammen auch in den *Slums* an der Peripherie der Stadt, mit den Allerletzten, und dann auch mit den *Campesinos* der Pfarrei von Diego Irarrázaval in der Nähe vom Titicaca-See: mit Menschen also, die von den Straßenräubern von heute – Menschen, die blind vor Habgier und ohne Erbarmen sind – verprügelt und ausgeraubt, ausgebeutet und mit Füßen getreten werden und die, halb tot, blutend an den Straßenrändern der Welt ausgesetzt werden; retten könnte sie nur die Barmherzigkeit eines Menschen, der sich, aus Liebe, dort niederlassen und sich über sie beugen würde.

Bei den vielen Malen, die ich seither wieder nach Lateinamerika und vor allem nach Peru gekommen bin – ich konnte dafür die Zeit der Unterbrechung der akademischen Tätigkeit in den Sommermonaten nutzen –, habe ich meine Teilnahme an theologischen Kursen oder Seminaren immer mit mehreren Wochen pastoralen Dienstes verbunden, die ich meistens in der Andenregion, vor allem in Lars in der Erzdiözese Cuzco verbrachte. Und so, ausgehend von der konkreten Erfahrung der Nähe mit den Menschen, für die die Theologie der Befreiung entwickelt wurde, wurde mir immer klarer, was ihre innerste Mitte war: Ihr Herz ist die Begegnung mit Jesus, ist die Nachfolge Jesu Christi, des barmherzigen Samariters.

Denn Jesus ist nicht der Verkünder einer von jedem Bezug auf die Welt losgelösten Mystik oder eines körperlosen Asketismus. Im Gegenteil: In der Lehre und im Handeln Jesu gibt es die Einheit zwischen der transzendenten Dimension und der immanenten Dimension des Heils. Auch sein Tod am Kreuz kann in keiner Weise als eine von der Welt losgelöste Frömmigkeit betrachtet werden, die die Schöpfung von der Erlösung trennt. Jesus ist vielmehr am Kreuz gestorben, um die befreiende Liebe Gottes zu zeigen, die die Welt verwandelt. Der Tod Jesu am Kreuz hat die Welt und die Geschichte zu einem Ort gemacht, an dem die Neue Schöpfung erfolgt, beginnend im Hier und Jetzt. Und so beginnt das Heil, die Befreiung, in seiner geschichtlichen Realisierung nicht im Augenblick unseres individuellen Todes oder am Ende der Geschichte der Menschheit in ihrer Gesamtheit, wenn der barmherzige Samariter zurückkehren wird: Das ist vielmehr der Moment der Vollendung des Heils, in der Schau Gottes, in der ewigen Gemeinschaft der Liebe mit ihm. Von da aus möchte ich nun, zusammenfassend, einige Errungenschaften der Theologie der Befreiung hervorheben.

In einem Vortrag, den Gustavo Gutiérrez Mitte der 1990er-Jahre – im Beisein von Kardinal Ratzinger – gehalten hat[34], betonte er: »Es ist wichtig, dass in einem letzten Schritt die Option für die Armen eine Option für den Gott des Reiches ist, das Jesus uns verkündigt.« Und er fuhr fort: »Der endgültige Grund für den Einsatz für die Armen und Unterdrückten liegt folglich nicht in der Gesellschaftsanalyse, derer wir uns bedienen, auch nicht in der direkten Erfahrung, die wir mit der Armut machen können, oder in unserem menschlichen Mitleid.

All dies sind gültige Begründungen, die zweifelsohne eine bedeutsame Rolle in unserem Leben und in unseren Beziehungen spielen. Dennoch baut dieser Einsatz für die Christen grundlegend auf dem Glauben an den Gott Jesu Christi auf. Er ist eine theozentrische Option und eine prophetische Option, die ihre Wurzeln in der Gratuität der Liebe Gottes hat und von ihr gefordert wird.«

Jesus Christus ist gestorben, damit der Mensch in allen Bereichen der Existenz Gott als Heil und Leben erfährt. Daraus entsteht der ursprüngliche – theologische – Impuls der Theologie der Befreiung, der so formuliert werden kann: Es ist nicht möglich, von Gott zu sprechen ohne tätige, verwandelnde und deshalb praktische Teilnahme am komplexen und integralen, von ihm angestoßenen befreienden Handeln, mittels dessen die Geschichte zu einem Prozess wird, in dem sich die Freiheit realisiert.

Wenn die Kirche also, zusammen mit dem Menschengeschlecht und in der Geschichte, im Dienst dieses Planes Christi steht, dann kann sie – wie Dietrich Bonhoeffer schreibt – nur Kirche sein, wenn sie Kirche für die anderen ist.[35] Es ergibt sich, mit anderen Worten, ein grundlegendes und unausweichliches *aut aut: Entweder* gilt (mit dem grundlegenden ersten Satz aus *Gaudium et spes*): »Freude und Hoffnung, Trauer und Angst der Menschen von heute, besonders der Armen und Bedrängten aller Art, sind auch Freude und Hoffnung, Trauer und Angst der Jünger Christi«, *oder* man ist nicht wirklich Jünger Jesu. Nochmals anders gesagt: *Entweder* zeigt die Kirche sich, in dieser Sichtweise, nicht als eine von der Welt abgetrennte und sich selbst genügende religiöse Gemeinschaft, sondern als universales Heilssakrament (vgl. *Lumen gentium* und KKK Nr. 748), *oder* die Kirche ist, was ihr Wesen und ihre Sendung betrifft, nicht ganz Kirche. Die Kirche ist wahrhaft Kirche, wenn sie ihrer befreienden Sendung für das integrale Heil der Welt treu ist, die ihren Ursprung in der Botschaft Jesu von der Freiheit und der Befreiung und im Handeln Jesu hat, wie es die Instruktion *Libertatis conscientia* von 1986 (IV) sagt.

Wie zu Zeiten von Bartolomé de Las Casas steht Gott auf der Seite der Armen und wirkt dahin, sie zur Freiheit zu führen und ihnen die Teilnahme an der Erfüllung des von ihm versprochenen vollständigen Heilshandelns an allen Menschen zu ermöglichen. Aus dieser Perspektive wird schließlich absolut klar, dass die Rede von der »historischen Macht der Armen«[36] weit entfernt ist von der Formulierung einer Ideologie im Dienst des x-ten ebenso utopischen wie gewaltsamen Projekts, wie mehr oder weniger an dieser Formulierung interessierte Kritiker behauptet haben.

Unter »historischer Macht« der Armen ist sicher nicht – nach dem Beispiel des Kommunismus – die gewaltsame Eliminierung einer gesellschaftlichen Klasse durch eine andere zu verstehen, als Weg zur Beseitigung von Unterdrückung und Ungerechtigkeit, um so das vermeintliche Paradies auf Erden, die klassenlose Gesellschaft, zu erreichen. Die Liebe und das Handeln Gottes umfassen auch die Herrschenden, die Ausbeuter, und befreien sie aus der ihnen eigenen Sklaverei: von der typischen Sklaverei der Habgier, der Vergötzung des Geldes und der Macht; sie bedingt, dass man nie Frieden findet, nie genug hat, dass man immer mehr will und man immer besessen ist von der Ruhelosigkeit, sich dadurch Leben zu verschaffen, dass man es den anderen nimmt. Die Theologie der Befreiung zeigt im Gegensatz zu dem, was der Marxismus – und, nebenbei gesagt, auch der heutige Liberalismus – sagt, dass das Christentum gerade nicht eine »Vertröstungsideologie« ist. Im Gegenteil: Die wahre Theologie der Befreiung zeigt, dass in Wahrheit nur Gott, Jesus und das Evangelium eine authentische und beständige Rolle für die Humanisierung des Menschen spielen können, und zwar sowohl in individueller als auch in gesellschaftlich-sozialer Hinsicht. Es ist das, was in anderen Worten Johannes Paul II. in seinem Schreiben an die brasilianische Bischofskonferenz von 1986 in die treffliche Aussage zusammengefasst hat: Die richtig verstandene Theologie der Befreiung »ist nicht nur opportun, sondern nützlich und notwendig«.

Das Urteil des hl. Johannes Paul II. hat nichts von seiner Aktualität eingebüßt, es gilt heute sogar noch mehr: In einer Zeit, in der die Feindseligkeit und die Habgier übermächtig geworden sind, in einer Zeit, in der wir wie nie zuvor jenes lebendigen Gottes bedürfen, der uns geliebt hat bis zum Tod, beugt sich der barmherzige Samariter in seiner unermesslichen Liebe, in der Fleischlichkeit der konkreten Existenz, über die Leidenden, die Unterdrückten und die, die des Heils am meisten bedürfen; für diese Zeit trifft zu, was Papst Franziskus am 27. Juli 2013 in Rio de Janeiro[37] gesagt hat: »Es braucht also eine Kirche, die fähig ist, den Mutterschoß der Barmherzigkeit wiederzuentdecken. Ohne Barmherzigkeit ist es heute kaum möglich, Zugang zu finden in eine Welt von ›Verletzten‹, die Verständnis, Vergebung und Liebe brauchen.«

# DIE ARMEN INS ZENTRUM

## Gustavo Gutiérrez und Gerhard Ludwig Müller Eine Freundschaft im Kontext der Armen

Was haben arme Campesinos der Anden in Peru mit dem Kardinalpräfekten der Glaubenskongregation gemein? Wer wunderte sich nicht über eine so seltsame Frage. Aber gerade die Antwort darauf belegt, wie sehr sich der gegenwärtige Präfekt der Glaubenskongregation von seinen Vorgängern unterscheidet. Und die Antwort ist verblüffend und einfach zugleich.

Was Müller und die Campesinos verbindet, ist Gustavo Gutiérrez! Denn ohne Gutiérrez und seine Theologie der Befreiung wäre Müller wohl nie zu den Campesinos der Gemeinden Choquecancha, Cachin, Kacllaraccay, Chejani etc. in den abgelegenen Andenregionen von Cuzco, Ayaviri, Puno, Juli oder Huaraz gekommen. Ohne ihn und seine Theologie der Befreiung wäre er auch nicht in Elendsviertel von Lima, La Paz oder São Paulo gelangt. Müller wäre wohl nie so konsequent und nachhaltig in das bitterarme Leben der Campesinos eingetaucht. Ein Leben in äußerster Kargheit auf 3000–4300 Meter Höhe; Trinkwasser aus den Bächen; keine Toiletten; eine einseitige Ernährung auf der Basis von Kartoffeln und Mais; so gut wie keinen Zugang zu einer Gesundheitsversorgung, die diesen Namen verdiente; keinen elektrischen Strom; in den abgelegenen Dörfern vielleicht zwei Klassen Primarschule, dann war die Schullaufbahn schon zu Ende. Einsichten der Theologie der Befreiung von Gutiérrez waren es, die den Münchner Dogmatikprofessor bewegten, sich über 14 Jahre hin regelmäßig während seiner Semesterferien je bis zu acht Wochen diesem äußerst kargen Leben – zumal für einen Professor aus Deutschland – auszusetzen und aber auch von den Campesinos und den Elendsviertelbewohnern, ihrer Kultur und ihrem Glauben an Gott zu lernen.

Müller hatte nämlich begriffen: um die Armen zu verstehen, genügt es nicht, nur Bücher und Statistiken über sie und die Armut zu lesen. Ja, mehr noch, um das Evangelium und Jesus Christus besser zu verstehen, hat sich Müller konsequent in die Welt der Armen begeben. Wie ist er zu dieser Einsicht gekommen?

Die Theologie der Befreiung von Gustavo Gutiérrez weckte in den Achtzigerjahren die Aufmerksamkeit von Theologieprofessoren im deutschsprachigen Raum, unter ihnen der junge Münchner Dogmatiker Müller. Das Pikante aus heutiger Sicht daran ist, dass sich damals auch die Glaubenskongregation mit der Theologie der Befreiung von Gutiérrez befasste. Die Auseinandersetzungen spitzten sich schließlich so zu, dass die peruanische Bischofskonferenz eigens nach Rom reiste und eine Krisensitzung im Beisein des damaligen Präfekten Joseph Ratzinger bei der Glaubenskongregation abhielt. Die Debatte um die Theologie der Befreiung von Gutiérrez wurde jedoch nicht nur innerhalb der Kirche Perus geführt. In der Kirche Lateinamerikas gab es neben Befürwortern eine Reihe von Gegnern in der Hierarchie, die die Theologie von Gutiérrez scharf attackierten.

In diesem aufgeladenen Kontext nahm Müller 1988 an einem fünfwöchigen Forschungsseminar für Theologielehrende aus dem deutschsprachigen Raum zur Theologie der Befreiung in Peru teil. Die Gestaltung und Organisation des Seminars lagen bei Albert Biesinger und Thomas Schreijäck – beide damals in Salzburg – und bei mir, damals tätig als Pfarrer in einer Elendsviertelgemeinde Limas. Aufgrund meiner langjährigen pastoralen Erfahrung in der Andenregion Perus und der Freundschaft mit Gustavo Gutiérrez war es gelungen, diesen und eine Reihe von Pastoralteams für das Forschungsseminar zu gewinnen. Nach dem klassischen methodischen Dreischritt »sehen – urteilen – handeln« der lateinamerikanischen Bischofskonferenzen und der lateinamerikanischen Theologie begannen wir mit 14 Tagen zu zweit oder zu dritt in Campesino-Gemeinden der Anden oder in Elendsvierteln in den Städten. Es folgte eine Woche der Reflexion: Die an den verschiedenen Orten gemachten Erfahrungen über die Lebensbedingungen der Armen, die Pastoral in den verschiedenen Brennpunkten, die gesellschaftlichen Hintergründe mit ihrer strukturellen und politischen Gewalt – vor allem des damaligen sogenannten schmutzigen Krieges zwischen dem terroristischen marxistisch-maoistisch ausgerichteten »Leuchtenden Pfad« (Sendero luminoso) und der für die Armen nicht weniger schrecklichen staatsterroristischen Reaktion auf diesen – wurden zusammengetragen und theologisch reflektiert.

Nach einer solchen intensiven Vorbereitungszeit erfolgte eine ganze Woche Theologiekurs mit Gustavo Gutiérrez in Lima. Rückblickend stellt für mich gerade dieses Forschungsseminar eines der erstaunlichsten theologischen Ereignisse dar: 17 Theologielehrende von verschiedenen deutschsprachigen Universitäten hören ganztägig eine Woche lang Vorträge des Befreiungstheologen Gutiérrez, der – wohlgemerkt – nicht Professor an einer Universität war, und diskutieren mit ihm. Eine einmalige Lern-, Lehr- und Verstehenssituation.

Diese Woche mit Gustavo Gutiérrez beeindruckte Müller nicht nur. Sie überzeugte ihn derart, sodass diese Woche zum

Beginn einer andauernden Freundschaft wurde. Sie überzeugte ihn auch von der hervorragenden Qualität der Befreiungstheologie von Gutiérrez. Müller lernte von ihm zugleich, dass es bei der Theologie der Befreiung nicht nur um eine theoretisch-theologische Auseinandersetzung geht. Theologie der Befreiung hat ganz konkret mit dem ausgesetzten Leben der Armen und den Ursachen der Armut zu tun. Dies gilt es im Licht des Glaubens zu betrachten. Die Armen sind hierbei jedoch nicht einfach Objekte der theologischen Betrachtung. Die Ergebnisse der theologischen Reflexion der konkreten Lebenspraxis und der Armutssituationen aus der Perspektive des Glaubens werden wiederum in das Leben einer Gemeinde zurückvermittelt und mit dieser weiter bedacht. In diesem theologischen Zirkel Reflexion – Praxis – Reflexion komme es aber noch auf etwas entscheidend Christliches an, so lernten wir von Gutiérrez: Nachfolge und Jüngerschaft Jesu – gemäß der Spiritualität der Befreiungstheologie – heißt, die Lebenswelt der Armen zu verinnerlichen und die Freundschaft der Armen zu gewinnen. Das beinhaltet eine neue Qualität des Theologietreibens.

Was uns besonders beeindruckte, war, dass Gutiérrez vor einer Romantisierung der Armen warnte. Armut macht nicht gut. Im Gegenteil: Armut ist aufgrund von vielfältigen bitteren Notlagen Ursache von Konflikten in Familien, Gemeinden und Gemeinwesen. Die Armen sind nicht besser als die anderen. Gutiérrez insistierte bei der Auslegung der Option für die Armen darauf, dass die Armen die Bevorzugten Gottes sind, aber nicht etwa deshalb, weil *sie* gut seien, sondern weil *Gott* gut ist. *Er* schenkt seine Liebe *ungeschuldet*, insbesondere jenen, denen ein Leben in menschlicher Würde verweigert wird.

Ein Faktum, das von den meisten nicht gewusst wird, ist, dass Gustavo Gutiérrez – wie gesagt – keine Professur für Theologie an einer Universität innehatte. Er hat an mehreren Universitäten in Europa Theologie studiert und ist folglich mit der europäischen Theologie und insbesondere mit dem Konzilsgeschehen des Vatikanum II vertraut. Seinen spezifischen theologischen Ansatz entwickelte er jedoch aus der pastoralen Arbeit und deren Reflexion im peruanischen und lateinamerikanischen Kontext der Sechziger- und Siebzigerjahre und im Zusammenhang mit den Gesamtlateinamerikanischen Bischofskonferenzen von Medellín und Puebla. Den Namen »Theologie der Befreiung« prägte Gustavo Gutiérrez 1968, als er zu einem Vortrag zu dem Thema »Theologie der Entwicklung« gebeten worden war. Gutiérrez war überzeugt, dass es – ausgehend von den gesellschaftlichen Realitäten Lateinamerikas und den prekären Lebensbedingungen der Armen, d.h. der großen Bevölkerungsmehrheit des »katholischen« Kontinents – nicht um »Entwicklung« gehen könne gemäß dem Konzept des »Desarollismo«, das in jenen Jahren in Mode war. Im Sinne Jesu Christi und seines Evangeliums müsse es in der lateinamerikanischen Situation vielmehr um »Befreiung« gehen und um die Grundfrage: Wie kann man angesichts des Elends und der Ungerechtigkeit den Armen von der Liebe Gottes sprechen? Die Grundgedanken des Referats baute er aus zu dem gleichnamigen Buch »Teología de la liberación«[38] (1972), das schließlich zum Markenzeichen einer ganzen theologischen Richtung wurde.

Die Teilnehmer des Forschungsseminars hatten bei Vorbereitungstreffen während zwei Semestern vor der Reise nach Peru u.a. sein Buch »Theologie der Befreiung« durchgearbeitet. Die Vorträge von Gutiérrez und die Diskussionen mit ihm brachten uns nicht nur auf den damaligen neuesten Stand der Debatte. Unter uns machten wir uns auch Gedanken, wie es zu den Anklagen gegen Gutiérrez und seine Theologie kommen konnte. Wir kamen in unseren internen Diskussionen zu dem Schluss, dass es so manchen, insbesondere in der lateinamerikanischen Hierarchie, weniger um die theologische Auseinandersetzung und um die Klärung von theologischen Problemstellungen ging. Die Theologie der Befreiung schien uns hier instrumentalisiert zu werden für kirchenpolitische und persönliche Positionierungen in dem aufgeladenen Klima des Ost-West-Konflikts jener Zeit. Selbstverständlich dürfen auch geopolitische Zusammenhänge nicht ausgeblendet werden: Wenn beispielsweise das sogenannte Santa-Fe-Papier, das eine Arbeitsgruppe für die Präsidentschaft von Ronald Reagan erstellt hatte, zu dem Schluss kommt, die Befreiungstheologie und die »lateinamerikanische Kirche« dürften nicht einfach nur beobachtet, sondern müssten aktiv bekämpft werden, weil sie den außenpolitischen Interessen der USA in Lateinamerika widersprächen, dann zeigt dies eindeutig auch politische Hintergründe in der Auseinandersetzung um die Befreiungstheologie.

Die innerkirchliche Debatte war ebenfalls bei der Gesamtlateinamerikanischen Bischofskonferenz in Puebla präsent. An dieser Konferenz nahm auch Gustavo Gutiérrez teil und war z.B. an jenen Textpassagen, die die Option für die Armen behandeln, in besonderer Weise beteiligt. Gerade in der Option für die Armen sieht Gustavo Gutiérrez den Kern der Befreiungstheologie und einer Kirche, die in Lateinamerika in der

Umsetzung des Zweiten Vatikanischen Konzils und des Anliegens Johannes' XXIII. von einer »Kirche der Armen« entstanden war.

Diese im Sinne des Evangeliums befreiende Theologie von Gutiérrez war verortet und verwurzelt in der konkreten Pastoralarbeit in einer Elendsviertelgemeinde Limas, wo er als Pfarrer arbeitete: Das Ringen der Familien um das tägliche Überleben und gegen einen »vorzeitigen« Tod vor allem der kleinen Kinder, die Auswirkungen der strukturellen Ungerechtigkeit und Gewalt, die Johannes Paul II. später »strukturelle Sünde« nannte, sind prägend in der Theologie von Gutiérrez. Sein Insistieren auf der Rede vom »Tod vor der Zeit« hatte er gewonnen in der Beschäftigung mit der Kolonialgeschichte und der Theologie von Bartholomé de Las Casas. In der Re-Lektüre des Evangeliums Jesu Christi aus der konkreten gesellschaftlichen Erfahrung der Kolonialsituation und der Rückbesinnung auf den Gott der Bibel kam Las Casas zu seiner prophetischen Anklage der Grausamkeiten der Konquista, die einen »vorzeitigen Tod« ungezählter Indigenas bedeutete.[39] Die Theologie der Befreiung von Gutiérrez ist also nicht – wie öfter vordergründig unterstellt wurde – etwas gewaltbesetzt Revolutionäres, das z.B. von der Focismusideologie der Sechzigerjahre, der kubanischen Revolution oder dem Sandinismus etc. eingefärbt wäre. Gustavo Gutiérrez geht es um die Verkündigung des Gottes des Lebens und das Leben aller in Würde gemäß ihrer Kindschaft Gottes. Daher befasste er sich auch mit der kolonialen Unterdrückungsgeschichte und ihren Folgen bis in die Gegenwart. Seine Theologie findet ihre Grundlegung – wie bereits bei Las Casas und anderen – in dem befreienden Handeln Gottes in der Bibel.

Gutiérrez, der nicht der weißen Oberschicht Limas angehört, der vielmehr auch indigene Wurzeln in sich trägt, war sensibel für den Rassismus in der peruanischen Gesellschaft gegenüber der indigenen Bevölkerung, vor allem in der Andenregion und dem Amazonasgebiet. Ihre Ausgrenzung und die Ausgrenzung der Armen in den Elendsvierteln der Ballungsräume waren und sind ihm zentrales Anliegen: Die Armen sind die »Insignifikanten« – wie Gutiérrez nicht müde wird zu wiederholen – einer durch die neoliberale Wirtschaft gezeichneten Gesellschaft. Sie werden gar nicht gebraucht. Sie sind »Abfall«, »Müll« – wie Kardinal Bergoglio in Aparecida es sagte und heute als Papst Franziskus unterstreicht. Gutiérrez war es auch, der uns in seinen Vorträgen immer wieder auf die Sozialenzykliken der Päpste hinwies. Wir lernten, wie gerade in Lateinamerika und in der Befreiungstheologie diese Enzykliken eine besondere Rolle spielten im Vergleich zu Deutschland, wo man sie in einer gewissen Rom-Distanziertheit kaum zur Kenntnis nahm.

Ist es nicht naheliegend, dass gerade Müller solche Aspekte aufgriff, er, der aus einer Arbeiterfamilie stammt? Sein Vater war Arbeiter am Fließband bei Opel. Die Familie kannte die Not und Entbehrungen der Nachkriegszeit. Bischof Ketteler und sein Engagement für die Armen waren präsent in der Ausbildung des Klerus von Mainz.

Diese familiäre Herkunft erleichterte es Müller sicherlich, sich grundlegend auf die Situation der Campesinos in den Anden einzulassen. Was besonders beeindruckend war, ist, dass Müller das karge Leben der Campesinos in den abgelegenen Dörfern meiner Andenpfarrei Lares teilte, in der ich damals während der Semesterferien arbeitete. Nicht nur dass das Pfarrhaus sehr rustikal und spartanisch ärmlich war. Bei den Pastoralbesuchen in den abgelegenen Gemeinden der Pfarrei schlief er auf dem gestampften Lehmfußboden in den äußerst bescheidenen Lehmziegelhäusern der Campesinos auf Alpakafellen und hatte die Unbilden von Flöhen und Meerschweinchen zu ertragen. Zu Fuß ging es oft bei Kälte und Hagel auf steilen Bergpfaden in die Dörfer bis zu 4300 m Höhe. Gegessen wurde mit den Campesinos, meist Kartoffelsuppe und gedämpfter Mais. Fleisch war sehr selten; die Campesinos jener Gegend essen nur acht Mal im Jahr Fleisch, nämlich zur Feldbestellung, zur Aussaat, zur Ernte und bei Festen. Müller lernte z. B. auch die »Faenas« kennen, die unentgeltliche Gemeinschaftsarbeit zur Verbesserung der Dorfsituation und andere Elemente ihrer besonderen Kultur.

Er feierte mit ihnen ihre Feste und lernte – ungeachtet aller Armut – ihre Fähigkeit zur Freude und ihre Volksreligiosität schätzen. Der Münchner Dogmatikprofessor reihte sich ganz selbstverständlich in die Bibliodramagruppen bei den Kursen für die Dorfkatecheten ein und näherte sich auch dabei an die Quechuakultur an. Er teilte die Leiden der armen Bevölkerung, indem er sich um Kranke kümmerte. Er suchte nach Möglichkeiten, wenn z. B. eine Operation in Lima unumgänglich war – Möglichkeiten, die völlig außer der Reichweite der Armen lagen. Ohne die Hilfe von außen hätte dies den sicheren Tod der Kranken bedeutet. Die Effekte der jahrhundertelangen Ausbeutung der Kleinbauern durch die Haciendabesitzer und durch die Landwirtschaftspolitik der Regierung, die auf Export ausgerichtet ist und dabei die Kleinbauern benachteiligt, konnte Müller direkt erfahren.

Über Gutiérrez war Müller auch auf den heiligen Toribio de Mogrovejo, den zweiten Bischof von Lima, gestoßen. Ganz entgegen der Kolonialtradition hatte dieser Bischof die Ursprungsbevölkerung, die Quechua Campesinos mit ihrer inkaischen Kultur hoch geschätzt und gegen Übergriffe verteidigt, sie bei seinen langen Reisen zu Fuß in seiner riesigen Diözese besucht und Konzilien in Lima abgehalten, die zu einer Inkulturation – so würden wir heute sagen – des Glaubens beitrugen. Menschliche Nähe zu den Campesinos schuf diese Nähe zum christlichen Glauben.

In diese Tradition fügen sich nicht nur die zum Teil äußerst mühevollen Pastoralbesuche in abgelegenen Gemeinden ein, sondern auch das Engagement Müllers, im Priesterseminar in Cuzco Blockkurse in Theologie zu halten. Dabei wurden wir mit der besonderen Schwierigkeit der vorgängigen niedrigen Schulbildung der Seminaristen und der mangelnden Ausbildung einzelner Dozenten, die z.T. einfach aus Lehrbüchern vorlasen, konfrontiert. So konnten wir kaum auf den Vorlesungen anderer Fächer aufbauen. Daher beschlossen wir von unseren beiden Fächern her – er Dogmatiker und ich Pastoraltheologe –, ein Konzept der integralen theologischen Lehre zu entwickeln, um den Priesteramtskandidaten eine Einsicht in die Zusammenhänge der Glaubensinhalte und der Verbindung von Glauben und Leben zu ermöglichen: Theologische Themen erschlossen wir von der biblischen, dogmatischen und pastoralen Perspektive her und führten die Priesteramtskandidaten schließlich ganz praktisch bis hin zur Gestaltung von Religionsunterrichtsstunden beziehungsweise von Predigten. Der Münchner Professor, dem es – was kein anderer Dogmatiker gegenwärtig schaffte – gelungen war, einen Gesamtentwurf der »Katholischen Dogmatik« zu gestalten, die bereits in mehrere Sprachen übersetzt wurde, war sich nicht zu schade, in Priesterseminaren in Peru Theologie angepasst kreativ zu lehren, ganz wie er im Vorwort seiner Dogmatik schreibt: »Prägend für den unabschließbaren Prozess der Aneignung des Glaubens im menschlichen Denken ist die Spannung zwischen der Endgültigkeit der Selbstmitteilung Gottes in der Geschichte und den je neuen Versuchen, sie in die sich wandelnden Verstehenshorizonte und verschiedenen Kontexte des Offenbarungsempfängers zu übersetzen.«[40]

Der Verstehenshorizont von Müller weitete sich von Cusco aus über den ganzen Surandino und den Gran Sur: Der Surandino umfasst die Diözesen und Prälaturen von Abancay bis Juli am Titicacasee. Hier hatten herausragende Bischofsgestalten wie Luis Vallejos, Luis Dalle – er hatte eine KZ-Gefangenschaft des Dritten Reiches überlebt –, Alberto Königsknecht, Luciano Metzinger, Jesus Calderón, Albano Quinn oder Elio Perez ganz im Sinne des Vatikanum II eine Communio von Ortskirchen geschaffen. Gemeinsam entwickelten sie – unterstützt durch zahlreiche Besuche und Vorträge von Gustavo Gutiérrez im Surandino – eine inkulturierte Evangelisierung, die Glauben und Leben im Sinne von Medellín und Puebla verbindet. Sie verteidigten die Campesinos gegen die Übergriffe der oben erwähnten strukturellen und politischen Gewalt und waren wegen ihres prophetisch kritischen Auftretens bei den politisch

Verantwortlichen nicht gerade beliebt. Müller lernte diese Form von Evangelisierung und Kirche kennen und schätzen. Er verteidigte sie auch gegen die Vorwürfe des »Horizontalismus« und des »Soziologismus«, den nachfolgende Generationen erhoben und die behaupteten, dass die Evangelisierung erst mit ihnen beginne. Das heißt, Müller kennt auch solche harten innerkirchlichen Auseinandersetzungen, die letztlich um die Theologie der Befreiung gehen und die mit dem Namen Gustavo Gutiérrez verbunden werden. Wie sehr Müller jedoch von der anderen Bischofsgeneration geschätzt wurde, belegt folgendes Beispiel: Im Rahmen eines Seminars zur Inkulturation der Theologischen Fakultät der Universität Fribourg im Gran Sur, d.h. der Andenregion Perus, Boliviens und Chiles, wurden Müller und ich von den Bischöfen dieser Region, die gerade eine Konferenz am Titicacasee abhielten, zur theologischen Begleitung eingeladen.

Solcherlei theologische Auftritte weiteten sich auf ganz Lateinamerika aus: Als Geschenk zum 70. Geburtstag von Bischof Emilio Stehle von Santo Domingo de los Colorados in Ecuador hielten wir Exerzitien für seinen Klerus. Bischof Stehle seinerseits beschenkte uns mit seinen abendlichen Erfahrungsberichten über die Friedensbemühungen in Zentralamerika und seinen eindringlichen Besuch bei Fidel Castro auf Kuba, bei dem beide eine Nacht lang über theologische, gesellschaftliche und politische Fragen diskutierten. Als Bischof von Regensburg oder in seinem jetzigen Dienst als Präfekt der Glaubenskongregation wurde Müller dann wiederholt zu Vorträgen und Konferenzen eingeladen, z.B. von der Brasilianischen Bischofskonferenz, vom CELAM (gesamtlateinamerikanische Bischofskonferenz), nach Mexiko oder von der Katholischen Universität in Lima. Von dieser Universität erhielt er die Ehrendoktorwürde, wie vor ihm Joseph Kardinal Ratzinger, der spätere Benedikt XVI., und Oscar Kardinal Rodriguez Maradiaga. Gemeinsam verteidigten Kardinal Rodriguez und Müller diese Universität gegen Angriffe.

Auch für internationale, globale Fragestellungen, bei denen es insbesondere um die Verletzlichkeit der Armen im Sinne der Option für die Armen geht, interessiert sich Müller: So nahm er an einem von Misereor, dem Werk der Deutschen Bischofskonferenz für Entwicklungszusammenarbeit, veranstalteten Symposion zum Klimawandel mit Bischöfen und Kardinälen aus Afrika, Asien, der Pazifik-Region und Lateinamerika sowie mit internationalen Fachleuten im Vatikan in Santa Marta teil.

Seine Solidarität mit den Leidenden zu bekunden, war für Müller selbstverständlich, so z.B. als wir von Misereor aus eine Delegationsreise von Bischöfen aus Europa und Nordamerika nach Kolumbien durchführten. Auf Einladung der Bischöfe der westlichen Urwaldregion Kolumbiens führten wir Gespräche auf politischer Ebene bis hin zu Präsident Uribe, um deutlich zu machen, wie sehr die Gewaltübergriffe und Menschenrechtsverletzungen auf internationaler Ebene beobachtet und kritisiert werden. Wir besuchten u.a. das Urwalddorf Bella Vista zum Gedenken an das dortige Massaker, bei dem 119 Menschen in einer Kirche getötet worden waren. Die Dorfbewohner der ärmlichen Urwaldsiedlung – alle Nachkommen von ehemaligen afrikanischen Sklaven – waren zwischen die Feuer von Guerilla und Militär/Paramilitär geraten.

Müller ließ es sich auch nicht nehmen, an der Gedenkfeier zum 30. Todestag von Erzbischof Oscar Romero in El Salvador teilzunehmen. Bei dem oben genannten Forschungsseminar hatte Gustavo Gutiérrez immer wieder von den Glaubenszeugen Lateinamerikas gesprochen und auf die herausragende Bekennergestalt Oscar Romero hingewiesen. Müller nahm in San Salvador nicht nur an den liturgischen Feiern teil: Wir besuchten die »Tutela legal«, d.h. jene herausragende Institution des Erzbistums San Salvador, die sich unerschrocken – wie einst Oscar Romero – für die Einhaltung der Menschenrechte während des Krieges und danach einsetzte. Dieser Einsatz der Mitarbeiterinnen und Mitarbeiter ist bewundernswert, zumal sie selbst vielen Verfolgungen – bis hin zu Ermordungen von Leitern der »Tutela legal« – ausgesetzt waren. Wir besuchten den Ort, an dem die sechs Jesuiten und ihre Haushälterin sowie deren Tochter ermordet worden waren.

Wir führten Gespräche mit zwei Ministern und trafen den Beauftragten der Regierung für Menschenrechte. Wenn sich Müller als Präfekt der Glaubenskongregation für die Seligsprechung von Oscar Romero einsetzt, so ist das fundiert sowohl im intensiven Studium der Schriften und Predigten von Romero wie auch der Kenntnisnahme des gesellschaftlichen und politischen Kontextes, in dem Erzbischof Romero lebte und wirkte.

Ein solcher – nennen wir es – »lateinamerikanischer Lebensweg« Müllers, geprägt durch die Freundschaft mit Gustavo Gutiérrez, mag einerseits interessant erscheinen. Es war aber keinesfalls ein einfacher Weg. Für Müller war er verbunden mit einem persönlichen Sich-Durchbeißen durch Schwierigkeiten und allerlei Unannehmlichkeiten, vor allem beim Teilen der Lebenswelt der Armen in den Anden Perus. Sich von seiner Münchner Großstadtumgebung auf ein wochenlanges Leben ohne Toilette, Dusche, sauberes Trinkwasser, elektrischen Strom etc. zu begeben, ist nicht gerade einfach bzw. leitet zu einem äußerst einfachen, elementaren Lebensstil an.

Andererseits führte sein Eintreten für die Theologie der Befreiung zu mancherlei Anfeindungen – sei es offen oder auch verdeckt. Während viele zu gewissen Zeiten das Wort »Theologie der Befreiung« wie der Teufel das Weihwasser scheuten und sich lieber die Zunge abgebissen hätten, als es freiheraus zu sagen, weil sie es für inopportun ansahen und irgendwelche Nachteile befürchteten, veröffentlichte Müller Artikel hierzu und gestaltete ganze Nummern der »Münchner Theologischen Zeitschrift« zu diesem Thema.

Zu seiner Bischofsweihe, die im Fernsehen übertragen wurde, lud er Gustavo Gutiérrez ein. Dieser stand bei der Konzelebration am Altar zusammen mit dem damaligen Präfekten der Glaubenskongregation Joseph Ratzinger. Gustavo schätzte gerade diese Einladung als Zeichen der Freundschaft besonders hoch ein: In Peru nämlich machte er die Erfahrung, dass gewisse Personen ihn nur nachts – wie Nikodemus im Johannesevangelium – besuchten.

Es ist wichtig, zur Kenntnis zu nehmen, dass viele Angriffe gegen die Theologie der Befreiung und ihr Markenzeichen, die Option für die Armen, von gewissen interessegeleiteten Kreisen aus Lateinamerika selbst kamen und Rom auf diese Anklagen reagierte. Joseph Ratzinger war es auch, der noch kurz vor seiner Wahl zum Papst das Verfahren gegen Gutiérrez beendete. Dazu hatte er auf die Stimme und die Einschätzung von Gerhard Ludwig Müller vertraut.

Ungeachtet all der Spannungen, Verdächtigungen und Anklagen wegen angeblicher Orthodoxieprobleme stand Müller immer offen zu seiner Freundschaft mit Gustavo Gutiérrez und verteidigte – gelegen oder ungelegen – dessen theologischen Ansatz. Das brachte ihm Gegnerschaften ein – auch in kirchlichen Kreisen – bis dahin, dass gewisse Kreise gerade mit diesem Argument der Freundschaft zu Gustavo Gutiérrez zu verhindern suchten, dass er zum Präfekten der Glaubenskongregation berufen werde. Sie scheiterten aber: Papst Benedikt XVI. setzte auf die herausragende theologische Kompetenz von Gerhard Ludwig Müller und ernannte ihn im Juli 2012 zum Präfekten.

Mit Franziskus ist nun einer Papst, der selbst aus der Tradition der lateinamerikanischen Kirche kommt und für den die Option für die Armen und die »Kirche der Armen« zentral ist. Wenn die Gesamtlateinamerikanischen Bischofskonferenzen von Puebla bis Aparecida – hier präsidierte Kardinal Bergoglio die Redaktionskommission – von den vielfältigen Leidensgesichtern der Armen sprechen, in denen wir das Leidensantlitz Jesu Christi erkennen, so prägt dies auch das christologische Verständnis von Müller mit. Dazu hatte er sich ja auch ganz bewusst in die Welt der Armen begeben. Was Gustavo Gutiérrez viele Jahre als Pfarrer einer Elendsviertelgemeinde in Lima und Papst Franziskus als Kardinal in den urbanen Randgebieten von Buenos Aires erprobten, erfuhr Müller in der Peripherie auf dem Land in den Anden Perus.

Der Befreiungstheologe Gustavo Gutiérrez und der Präfekt der Glaubenskongregation Gerhard Ludwig Müller – eine Freundschaft, die sie persönlich wie auch ihre Sicht auf Theologie, Kirche und Welt bereichert. Sie ist fruchtbar gerade für die Kirche, die berufen ist, zu evangelisieren und kundzutun, dass die Befreiung, die uns von Gott durch Jesus Christus geschenkt wurde, allen gilt, insbesondere und vor allem den Armen.

# DIE SPIRITUALITÄT DES KONZILSEREIGNISSES[41]

Vor nunmehr 52 Jahren stand das Konzil – das Johannes XXIII. zur Überraschung vieler einberufen hatte – nach einem risikoreichen Beginn im Jahr 1962 kurz vor der Eröffnung einer zweiten Sessio. Bei der ersten Sessio hatte es in der Tat nicht an Leuten gefehlt, die dachten (und wünschten), das Konzil werde allenfalls ein paar Monate dauern und nach vorheriger Diskussion und einigen Überarbeitungen die von der römischen Kurie vorbereiteten Schemata approbieren. Es kam anders: In jenem ersten Konzilsabschnitt wurden sämtliche vorgelegten Schemata – mit einer Ausnahme, dem über die Liturgie – abgelehnt. Die Debatten hatten allerdings einen positiven Aspekt: Sie gaben den Teilnehmern die Möglichkeit, sich kennenzulernen und ein Klima des Dialogs und der Offenheit zu schaffen, das ihre Arbeit im weiteren Verlauf prägte. In den letzten Tagen der ersten Sessio zeichnete sich der Kurs ab, dem man folgen sollte, das Konzil setzte neu ein und eröffnete eine neue Etappe im Leben der katholischen Kirche.

Bekanntlich endete das Konzil in einer Stimmung großer Freude aufseiten derer, die an seinen Arbeiten teilgenommen hatten, und derer, die es, ob Gläubige oder nicht, von Nahem hatten verfolgen können; die öffentliche Meinung ihrerseits zeigte sich überrascht von der Wärme und humanistischen Offenheit seiner Botschaft. Seine Texte zeichneten sich aus durch eine vom Evangelium herkommende Inspiration, die es im Geist einer Haltung des Dienstes in den Dialog mit der Welt von heute treten ließ. Dennoch fanden sich schon in den Konzilsjahren selbst Vorbehalte und Widerstände, die, wenn auch minderheitlich, in manchen Kreisen eine anhaltend kritische Einstellung gegenüber der Position des II. Vatikanum ahnen ließen, eine Mentalität, die sich später in vielfältigen Formen darstellen sollte. Ein früh geäußerter, immer wieder erhobener Vorwurf lautete, die christliche Botschaft sei auf ein rein humanistisches Niveau reduziert und ihre spirituellen und religiösen Dimensionen seien außer Acht gelassen worden. Die Jahrzehnte nach diesem kirchlichen Ereignis, das zu den Höhepunkten in der Geschichte des Gottesvolkes zählt, waren eine Zeit von Licht und Schatten.[42]

In seiner denkwürdigen Ansprache zum Abschluss des Konzils (am 7. Dezember 1965), die nach wie vor Gültigkeit hat, kommt Paul VI. möglichen zukünftigen Einwänden zuvor und packt den Stier bei den Hörnern. Er hebt die religiöse Bedeutung des Konzils hervor, verteidigt den positiven und humanen Charakter der Darstellung der christlichen Botschaft, die das Untrennbare, die Liebe zu Gott und die Liebe zum Nächsten, nicht trenne. Und er präzisiert: »Die schöne alte Erzählung vom barmherzigen Samariter war Beispiel und Norm, welcher der geistliche Kurs des Konzils folgte. Eine gewaltige Liebe zu den Menschen durchströmte das gesamte Konzil. Die Wahrnehmung und neuerliche Betrachtung der menschlichen Bedürfnisse, die umso drückender werden, je weiter der Sohn dieser Erde heranwächst, haben den ganzen Eifer dieser unserer Synode beansprucht« (Ansprache Nr. 8).[43] Diese so tiefgründige wie kraftvolle Aussage wird uns auf den folgenden Seiten als Leitfaden dienen.

Die Aussage Pauls VI. und seinen Rekurs auf das Lukasevangelium werde ich auf den folgenden Seiten in Beziehung setzen zu dem, was wir das konziliare Ereignis nennen können. Darunter verstehen wir den Gesamtkomplex, der gebildet wird (a) durch das Zeugnis und die Stimme Johannes' XXIII. bei der Vorbereitung des Konzils, insofern sie solche Intuitionen zum Ausdruck bringen, die beim Konzil bearbeitet wurden, während andere in seinen Beschlüssen nicht vertieft werden konnten.[44] An zentraler Stelle stehen natürlich (b) die vom Konzil erarbeiteten und approbierten Konstitutionen und Dekrete, die den inneren Sinn der »durch Worte und Werke« (Dei Verbum, 4) sich ausdrückenden Botschaft Christi vertieft und die Wege ihrer Vermittlung erneuert haben. Zum Konzilsgeschehen gehört aber auch in gewissem Sinn (c) die lateinamerikanisch-karibische Bischofskonferenz in Medellín (Kolumbien) im Jahr 1968, also gerade einmal drei Jahre nach dem Abschluss des Konzils. Ihr Thema lautete: »Die Kirche in der gegenwärtigen Umwandlung Lateinamerikas im Lichte des Konzils«. Sie stellte die erste und in gewissem Sinn einzige kontinentale Rezeption der Konzilsbotschaft dar, die deren Konsequenzen begriff und in verschiedenen Sektoren der Weltkirche, insbesondere in den armen Ländern, starken Widerhall fand; eine Rezeption übrigens, die sich durch schöpferische Treue auszeichnete.

# In Jesu Spur

Zu Anfang seiner Ansprache zitiert der Papst seinen Vorgänger, Johannes XXIII., den er »Urheber der Synode« nennt und der in seiner Eröffnungsansprache das Ziel des Konzils gesteckt habe: »Es ist wahr, dass Christus den Satz sagte: ›Sucht zuerst das Reich Gottes und seine Gerechtigkeit.‹ Diese Aussage macht vor allem klar, wohin wir unsere Kräfte und Gedanken lenken sollen« (Ansprache, Nr. 4). Diese Suche ist das Herzstück dessen, was wir Spiritualität nennen.

Was ist gemeint, wenn von einer Spiritualität des Konzils die Rede ist? Das Wort »Spiritualität« nimmt die Bedeutung der traditionellen *Nachfolge Christi* auf; es meint ein Wandern, ein Gehen, das sich von der Erinnerung an das Zeugnis Jesu nährt; seinen Sinn und Zweck verleiht ihm die Suche nach dem Reich Gottes und seiner Gerechtigkeit. Die Erinnerung – nach den Worten Augustins »die Gegenwart des Vergangenen« – ist zu permanenter Aktualität bestimmt. In der Regel verwenden wir den Terminus »Spiritualität«, um die Nachfolge zu bezeichnen, in der sich jeder Christ an Christus bindet. Diese Bedeutung ist zwar authentisch, aber sie sagt nicht alles; wir müssen sie ergänzen, indem wir ihren kommunitären Charakter berücksichtigen. Es handelt sich um das Gehen eines Volkes, einen Weg, den wir mit anderen beschreiten, in der *ekklesia*, auf den Gott des Reiches zu, in der Liebe zum Menschen, den es, wie Paul VI. sagt, zu lieben gilt »nicht als Werkzeug, sondern als erstes Ziel, über das wir zum höchsten, alles Menschliche übersteigenden

Ziel [ …] gelangen« (Ansprache, Nr. 17). Jesus sagt uns an, dass wir auf unserem historischen Weg Gott begegnen.

»Weg« ist eine klassische Metapher mit biblischen Wurzeln, die sich in der Geschichte der Spiritualität und speziell in der christlichen Mystik findet. Im Johannesevangelium sagt Jesus, er sei »der Weg, die Wahrheit und das Leben« (Joh 14,6), eine Aussage, die möglicherweise die Quelle des Wortgebrauchs in der Apostelgeschichte ist, der sich ansonsten im Zweiten Testament nicht, zumindest nicht auf dieselbe Weise, findet. Neun Mal nennt die Apostelgeschichte die christliche Gemeinde, die *ekklesia*, den »Weg«. Zumeist wird der Terminus kurz und bündig gebraucht (vgl. Apg 9,2; 19,9; 22,4; 24,14.22); bei anderer Gelegenheit wird eine Präzisierung hinzugefügt: Weg »der Rettung« (16,17), »des Herrn« (18,25), »Gottes« (18,26).[45] Die Weg-Metapher erlaubt es, von wohlgesetzten, gelegentlich beschleunigten Schritten zu sprechen, aber auch von Verlangsamung und Stolpern, von eventuellem Sich-Verirren und von dem Versuch, auf den rechten Weg zurückzufinden. Das wusste Johannes vom Kreuz sehr gut, als er die verschiedenen Pfade zum Gipfel des Karmel beschrieb (und zeichnete!). Und es braucht Zeit; es ist ein Gehen, das die verschiedenen Momente durchquert, welche Menschen und Völker in stetem Sich-Erneuern durchschreiten. Dass dieses Wort zur Bezeichnung der kirchlichen Gemeinschaft so früh vorkommt, spricht, wie wir meinen, von einer tiefen und reichen Intuition, die wir nicht aufgeben dürfen.

Die Kirche ist das Volk Gottes, ein »messianisches Volk« (Lumen gentium, Nr. 9), das in der Geschichte unterwegs ist. Auf diesem Weg fehlt es nicht an Stunden der Ungewissheit und der Einsamkeit. Wenn dieser spirituelle Prozess inmitten eines marginalisierten Volkes gelebt wird – wie es in Lateinamerika und in der Karibik der Fall ist –, dann fordert uns das Leiden des Unschuldigen heraus, harter Widerstand vonseiten der faktisch Mächtigen in unseren Gesellschaften macht sich bemerkbar, schmerzliche Ratlosigkeit angesichts der Distanziertheit, ja Verständnislosigkeit kirchlicher Kreise wird erfahren, und hinzu kommt das Gefühl, der Gott unseres Glaubens sei abwesend. Situationen, in denen wir wie Jeremia versucht sind, zu Gott zu sagen: »Wie ein versiegender Bach bist du mir geworden, ein unzuverlässiges Wasser« (Jer 15,18). Doch mit dem Verfasser der Klagelieder werden wir schließlich sagen: »Immer denkt meine Seele daran und ist betrübt in mir. Das will ich mir zu Herzen nehmen, darauf darf ich harren: Die Huld des Herrn ist nicht erschöpft, sein Erbarmen ist nicht zu Ende« (Jer 3,20–22). Und wir setzen den Marsch fort.

So muss man die Spiritualität verstehen, für die uns das Konzil öffnet. Sie erinnert uns daran, dass die Kirche als in der Geschichte lebende Gemeinschaft auf ihrem Weg »aus ihrem reichen Vorrat Neues und Altes hervorholt« (Mt 13,52); und genau das hat die Konzilsversammlung klug und mutig getan. Neues und Altes – in dieser Reihenfolge! Das sollten wir nicht vergessen. Johannes XXIII. hat sich gefragt, wie man heute sagen könne: Dein Reich komme. Eine verknöcherte Sicht der christlichen Botschaft fürchtet nicht nur die immer neue Offenheit und Antwort des Evangeliums angesichts der Situationen, die in der Geschichte entstehen. Sie negiert auch die Gene und die Dynamik der Tradition, die eine echte Kontinuität speist und die Botschaft und das Zeugnis Jesu jung erhält. Das II. Vatikanum situiert, wie von Johannes XXIII. vorgeschlagen, die Kirche gegenüber der im Lauf der letzten Jahrhunderte entstandenen modernen Welt.

Da es nun also die Aufgabe der Kirche ist, das Werk Christi, der kam, um zu dienen, und nicht, um bedient zu werden, inmitten der Dynamik der Geschichte fortzuführen, gilt es aufmerksam zu sein für das, was uns der Herr durch das geschichtliche Geschehen sagt. Dazu hat Papst Johannes XXIII. auf eine Perspektive biblischer Herkunft zurückgegriffen, die in der Spiritualität und Reflexion vieler Christen in den Folgejahren einen tiefen Eindruck hinterlassen hat.[46] Wir meinen die Unterscheidung der Zeichen der Zeit. Johannes XXIII. hat sie in Erinnerung gerufen, und das Konzil hat sie aufgegriffen. Wir müssen uns – sagt der Papst – die Aufforderung Jesu zu eigen machen, die »Zeichen der Zeit« zu unterscheiden (Mt 16,2f.). Und in Anspielung auf gewisse Umstände in der Vorbereitungsphase des Konzils fügt er hinzu, es gebe inmitten dichter Finsternis nicht wenige Anzeichen, die bessere Zeiten für Kirche und Menschheit erwarten ließen.[47] Von der Prüfung der Zeichen der Zeit spricht Paul VI. in dem hier von uns kommentierten Text.

Das Thema »Zeichen der Zeit« findet sich im Kontext persönlicher Erfahrung Johannes' XXIII.; in seinem Tagebuch notiert er: »Nicht das Evangelium ändert sich, das beginnen wir gerade zu verstehen. Wer lange gelebt hat und sich zu Beginn dieses Jahrhunderts vor neuen Aufgaben auf dem sozialen Gebiet sah, das das gesamte Menschsein umgreift, wer, wie es bei mir der

Fall ist, zwanzig Jahre im Orient und acht in Frankreich verbracht hat und verschiedenen Kulturen und Traditionen begegnet ist, weiß, dass der Augenblick gekommen ist, die Zeichen der Zeit zu erkennen, die Gelegenheit zu ergreifen und weiter zu schauen.«[48]

Das Konzil macht das Thema zu einem seiner zentralen Punkte. *Gaudium et spes* öffnet den Panoramablick auf »die Situation des Menschen in der heutigen Welt« und erklärt: »Zur Erfüllung dieses ihres Auftrags obliegt der Kirche allzeit die Pflicht, nach den Zeichen der Zeit zu forschen und sie im Licht des Evangeliums zu deuten. So kann sie dann in einer jeweils einer Generation angemessenen Weise auf die bleibenden Fragen der Menschen nach dem Sinn des gegenwärtigen und des zukünftigen Lebens und nach dem Verhältnis beider zueinander Antwort geben« (Nr. 4).[49]

Das Thema »Zeichen der Zeit« stellt vor allem eine Perspektive dar, eine Art und Weise, die großen Probleme anzugehen, denen sich die Kirche bei ihrer Evangelisierungsaufgabe gegenübersieht. Es ist eine methodologische Frage; aber wenn wir das sagen, geht es uns darum, diesen Begriff von der Starre und den formalen Aspekten zu befreien, die oftmals an ihm haften, und nicht nur seine Bedeutung als intellektueller Weg, sondern auch als inspirierende spirituelle Richtschnur wiederzugewinnen. In diesem Sinn und in der Absicht, ein authentisches evangelisches Zeugnis zu geben, hat Johannes XXIII. der Konzilsversammlung vorgeschlagen, die Unterscheidung angesichts von drei historischen Situationen, an drei Zeichen der Zeit, vorzunehmen, als da sind die moderne Welt, die Welt des ökumenischen Dialogs und die Welt der Armut. Die ersten beiden Punkte wurden in aller Deutlichkeit und im Geist des Dialogs behandelt.[50] Der dritte hingegen ist, ungeachtet der Bemühungen mehrerer Bischöfe und Theologen, die der Vision Johannes' XXIII. nahestanden – darunter Kardinal Lercaro –, in den Schlussdokumenten des Konzils kaum präsent; die Bischofskonferenz in Medellín jedoch hat ihn sich zu eigen gemacht.

Auf diese Weise haben Johannes XXIII., das II. Vatikanum und Medellín einen Weg gebahnt, den viele Christen und die Kirche in ihrer Gesamtheit in diesen Jahren, nicht ohne Schwierigkeiten und Missverständnisse, gegangen sind – ein Zeugnis, das sich in vielen Fällen vom Blut der Märtyrer rot gefärbt hat, vom Blut derer, die sich für die Armen und Ausgeschlossenen unserer Gesellschaft engagieren. Dies ist ein schmerzlicher Beweis dafür, dass diese pastoralen und theologischen Perspektiven keine Schreibtischangelegenheit waren.

# Die alte Geschichte vom Samariter

In der bereits erwähnten Ansprache stellt Paul VI. die Nächstenliebe als das zentrale Merkmal des Konzils heraus. In diesem Zusammenhang erklärt er: »Niemand kann vom Konzil sagen, es sei gleichsam irreligiös gewesen oder vom heiligen Evangelium abgefallen, wenn wir uns daran erinnern, dass Christus selbst uns lehrt, alle sollten erkennen, dass wir seine Jünger sind, wenn wir einander lieben (vgl. Joh 13,35)« (Ansprache, Nr. 7).

Dass Paul VI. die Geschichte vom Samariter (Lk 10,29–37) erwähnt, ist aufschlussreich; sie zielt nämlich auf die Frage, wie die Nachfolge Jesu zu leben sei.[51] Das Verhalten des Samariters soll die Praxis der Liebe bei den Jüngern Jesu inspirieren. Es ist eine Geschichte, welche die christliche Erinnerung tief geprägt und viele Kunstwerke inspiriert hat. In ihr leuchtet auf, dass der andere den Primat hat und dass man seinen Weg verlassen muss, um ihm zu begegnen; dies ist eine der Kraftlinien der Botschaft Jesu. Diese Haltung soll man gegenüber jedem Menschen einnehmen, noch dringender aber ist sie im Fall derer geboten, die in einer Situation sozialer Bedeutungslosigkeit leben. Der Lukastext steht in engem Zusammenhang mit der Szene des Jüngsten Gerichts, wie Matthäus (Mt 25) sie schildert. Auch auf diese Verbindung weist Paul VI. in seiner Ansprache hin.

In der lukanischen Beispielgeschichte erbittet ein Gesetzeslehrer nach einem Dialog über die Liebe zu Gott und die Liebe zum Nächsten von Jesus eine Präzisierung: »Wer ist denn *mein* Nächster?«, fragt er ihn. Die Antwort, die er erhält, ist keine begriffliche Definition, sondern eine erklärende Geschichte: ein durch Menschenhand Verletzter und drei Personen, von denen sich nur eine jenem nähert und ihm hilft. Jesus beendet die Erzählung, indem er die Ausgangsfrage umwendet – eine Kehre, die in Frageform den Schlüssel zum Sinn des Gleichnisses liefert: »Wer von diesen dreien *hat sich als der Nächste* dessen *erwiesen*, der von den Räubern überfallen wurde?« Der Schriftgelehrte erkennt: Es war der Samariter. Das heißt: jener, der näher trat und dem Notleidenden und Misshandelten half und sich so zu seinem Nächsten, zum Nächsten des anderen *gemacht* hat. Wir sind aufgefordert, uns bewusst zu werden, dass der Nächste nicht derjenige ist, der nahe ist, sondern derjenige, dem wir uns nähern; dass der andere zum Nächsten wird, ist Ergebnis der Annäherung an den Verletzten. Die ersten beiden Wanderer haben sie nicht vollzogen, nur der Samariter wurde von Mitleid gepackt und hat seinen Weg verlassen, um den Verletzten zu versorgen.[52] Das Evangelium Jesu besteht genau darin: in einem Aufruf, das um sich selbst zentrierte, im wörtlichen Sinn ego-zentrische Universum zu verlassen und in die Welt des anderen, des Du einzutreten. Dies gilt für die einzelnen Menschen, aber auch für die christliche Gemeinde, »indem man«, mit den Worten von Papst Franziskus gesprochen, »die Kirche in Bewegung setzt, dass sie aus sich herausgeht, in eine auf Jesus Christus ausgerichtete Mission, in den Einsatz für die Armen«[53].

Jesu Frage verändert das Szenario: Die Achse der Frage hat sich verschoben, der da am Wegrand liegt, rückt ins Zentrum der Frage. Das Herzstück des Problems liegt jetzt nicht im *Ich* dessen, der fragt (»*mein* Nächster«), sondern im *Du* dessen, der misshandelt und vergessen worden ist (sich zum Nächsten des Verletzten machen). In Bezug auf ihn definiert sich die Position der drei Reisenden (Priester, Levit, Samariter); die Lage dessen, der das Opfer des Raubes und der Misshandlung geworden ist, definiert den Sinn der »Proximität«. Wir tun den Schritt von unserer Welt zu der des anderen – diese Bewegung bildet den Kern der Geschichte. Die ersten beiden Reisenden haben sich nicht zum Nächsten des Leidenden gemacht, wohl aber der Samariter, weil er sich mit ihm solidarisiert hat. Nähe ist keine schlichte physische oder kulturelle Nachbarschaft, sie ist das Ergebnis eines Handelns, einer Option. Eine Verschiebung, die etwas von einer kopernikanischen Wende hat; sie ist die Vertauschung zweier Welten: Die Welt des Gesetzeskundigen (die des *Ichs*) macht der des Überfallenen (der des *Du*) Platz. Und das ist in einem Evangelium wie dem des Lukas, das mit Nachdruck von den durch den Messias hervorgerufenen historischen Umbrüchen – den Manifestationen der sogenannten messianischen Inversion – zu uns spricht, besonders signifikant.

Folgerichtig und entgegen manchem Anschein ist die Schlüsselfigur der Geschichte nicht der Samariter, sondern jener, der in der Passage »ein gewisser Mensch« (*anthropós tis;* Vers 30) heißt: das Opfer, der Entwertete, Namenlose ohne Kennzeichnung. Über ihn wird nichts gesagt, er ist eine anonyme, bedeutungslose Person, wir wissen nicht, ob er zum jüdischen oder zum samaritanischen Volk gehörte, welches sein Beruf war, auch nicht, was ihn zu seiner Wanderung veranlasst hat. Er ist

»der andere«, und in Bezug auf ihn definieren sich alle anderen Personen der Erzählung, von denen wir etwas wissen. Seine Lage als Misshandelter und Verlassener ist eine Herausforderung an diejenigen, die da ihren täglichen, häufig beschrittenen Weg zurücklegen: Sie fordert sie auf, sich von einem Ort an einen anderen zu begeben.

Alle anderen Akteure der Geschichte – einschließlich des Herbergswirts und der Straßenräuber – sind durch ihre religiöse Identität oder durch ihre Stellung im sozialen Umfeld gekennzeichnet. Die Anonymität und soziale Nichtigkeit des Opfers manifestiert seine Bedeutungslosigkeit, für ihn bleibt nur ein Kennzeichen: sein Menschsein, sein Gesicht, das, mit einem Wort von Emanuel Lévinas, spricht: »Lass mich nicht sterben.« Sein Vorhandensein liegt quer zur Erzählung, um ihn dreht und wendet sich alles. Vom Wegrand her, wo der gequälte und halb tote Mensch lag, wo ihn die einen mieden und ein anderer ihn in der Grausamkeit und Ungerechtigkeit seiner Lage wahrnahm, von dorther muss man den gesamten Text und vielleicht auch unser eigenes Leben lesen. Der Weg kann ein Bild für dieses Alltagsleben sein – damals und in unserer Zeit. Auf ihm begegnen wir immer wieder anderen, Bekannten und Unbekannten. Wenn es sich um Arme – und um die aus den verschiedensten Gründen Diskriminierten – handelt, zeigen viele das Verhalten des Priesters und des Leviten, es gibt aber auch jene, die wie der Samariter handeln, den Weg verlassen und herzutreten.

Die Geschichte ruft zu einer Kursänderung auf, sie fordert auf, zu akzeptieren, was ein authentisches menschliches und gläubiges Leben impliziert. Die Geschichte gibt uns zu verstehen, dass man – über seine Landsleute, über die aus ethnischen oder religiösen Gründen Nahestehenden hinaus – auf den Bedürftigen zugehen muss, ganz gleich, wie seine soziale oder religiöse Situation ist, da darf nichts ausgeschlossen sein. Eine fragendfordernde Universalität, die über die abgeschotteten Einteilungen hinausgeht, aber zugleich die Priorität derer markiert, die unter Benachteiligung und Ungerechtigkeit leiden.

Nächster ist nicht der Mensch, den wir an unseren alltäglichen Haltestellen oder auf unseren Alltagswegen vorfinden, sondern jener, zu dem wir hingehen, indem wir unseren Pfad verlassen und auf seinen Kurs einschwenken und in seine Welt eintreten. Es geht darum, den anderen, den Fremden zum Nächsten zu machen, den, der fern ist, der nicht in unserem geografischen, sozialen oder kulturellen Umfeld steht. Streng genommen kann man sagen, dass wir keine Nächsten *haben*, sondern sie vielmehr *machen* – durch unsere Initiativen, Gesten und Engagements, die uns zu Nahen machen für diejenigen, die abseits sind. Nächster ist jener, der sich als solcher »erwiesen« hat, wie die Verbform *gegonénai* (Lk 10,36) zu übersetzen ist. Uns dem anderen zu nähern hat eine zweifache Wirkung: Wir werden zu Nächsten und der andere wird unser Nächster, es ist ein Hin- und Rückweg. Proximität impliziert Reziprozität; sie entsteht, wenn wir die Menschenwürde von jemandem anerkennen, seine Stellung als Gleichwertiger, als Bruder oder Schwester bejahen. Daher nennt Lévinas die Proximität »akzeptierte Alterität«.

Was den Samariter motiviert, ist das Mitleiden – in dem ursprünglichen Sinn der Teilnahme am Leiden des anderen –, das er beim Anblick des Verwundeten erlebt. Lukas wählt einen starken Terminus, um es zu qualifizieren: *splanchnízomai* (Lk 10,33), was wörtlich bedeutetet: »die Eingeweide aufwühlen«. Es ist ein zutiefst menschliches Gefühl, in dem sich eine hohe Sensibilität bis hin zu körperlichen Wirkungen angesichts des Leidens der überfallenen Person ausdrückt; bejaht man dies, so erweist es sich zugleich als ein Appell, zu begreifen, dass das Religiöse, vom Evangelium her gesehen, tief im Menschlichen verankert ist. Ohne affektive Nähe und Freundschaft zum Armen und Bedeutungslosen gibt es keine Solidarität mit ihm. Gerade weil sich der Samariter die leidvolle Lage des misshandelten Menschen zu eigen gemacht hat, war er imstande, sich richtig zu verhalten.[54]

Das Gleichnis spricht zu uns von einer »Proximität«, die den Charakterzug eines Annehmens, Aufnehmens trägt, das heißt einer Gastfreundschaft – ein großes und häufiges Thema der Heiligen Schrift. Der Samariter verlässt seinen Weg, seine Welt, tritt ins Leben des Verwundeten, eines Fremden, eines anderen ein, er wird sein Gastfreund, weil er ihn seinerseits in seinem eigenen Leben gastlich aufnimmt. Eine Geste, die sich darin fortsetzt, dass er den Überfallenen der Fürsorge des Herbergswirts anvertraut und seines Schutzes teilhaftig werden lässt. Die Gastfreundschaft schließt Reziprozität ein.[55] Gastfreundschaft lässt die Person und Persönlichkeit des Beherbergten nicht in unserer Welt aufgehen, sie setzt vielmehr voraus, dass man ihn in seiner Andersheit respektiert und durch sie reicher wird. Der Gott der Bibel ist zu Gast in unserer Geschichte, er ist der Emmanuel, und in ebendieser Bewegung macht er uns zu Gästen seines Reiches. Die christliche Gemeinschaft, die Kirche, ist in ihrer Präsenz in der Welt zugleich Gebende und Empfangende; das deutet das Konzil an mehreren Stellen an.

Die Geschichte vom Samariter unterstreicht den Primat des anderen im Verhalten des Jüngers Jesu, denn Jünger sein heißt handeln und lieben wie er. »Liebt einander, so wie ich euch geliebt habe«, sagt der Herr (Joh 15,12). Sich verhalten wie der Samariter heißt, zum Nächsten des Leidenden und Marginalisierten zu werden. Dabei ist zu beachten, dass der Samariter nicht nur erschüttert war, sondern dass er die Barmherzigkeit praktiziert hat; so lautet denn auch das letzte Wort Jesu an den Gesetzeslehrer: »Geh und handle ebenso!« (Lk 10,37). Dies ist ein Missionsauftrag, in dem Sinn: »schenke das Leben, übe die Barmherzigkeit«, ohne Ansehen der Person, im besten und ursprünglichen Sinn des Wortes: Gib dein Herz mittels konkreter Gesten dem Elenden, dem Hilflosen. Und das ist etwas, was auch für die Gemeinschaft der Jünger des Herrn, die Kirche, gilt.

Das Konzil fordert uns, Paul VI. zufolge, auf, die »alte Geschichte vom Samariter« zu unserer eigenen zu machen, das heißt zu einer Spiritualität, zu einem »Leben nach dem Geist« (Röm 8,4). Genau dies tut das Zeugnis von Oscar Romero und von vielen anderen in diesen letzten Jahrzehnten, und zu einem solchen Leben ruft uns auch Papst Franziskus auf, wenn er als das zentrale Thema die Barmherzigkeit so sehr betont.

# Eine samaritanische Kirche

Die spirituelle Leitlinie, die durch das Gleichnis vom Samariter inspiriert ist, legt allen Nachdruck auf den Dienst, den die Kirche, das Volk Gottes, der Menschheit und insbesondere den Letzten der Gesellschaft erweisen soll. Die Geschichte vom Samariter zeigt einen Weg, den jeder Christ und die Kirche als ganze einschlagen müssen. Es geht um die Bereitschaft, Solidarität mit jeglichem notleidenden Menschen zu üben. Das schließt ein, dass man wie der Samariter seinen eigenen Weg verlässt. Paul VI. macht es ganz klar. Nach einigen Überlegungen zum Konzil sagt er: »Und noch etwas anderes halten wir für beachtenswert: die reiche Fülle dieser Lehre aus einem Punkte zu betrachten, dass sie nämlich dem Menschen diene, in allen seinen Lebensumständen, in seiner ganzen Schwachheit und in all seiner Bedürftigkeit« (Ansprache, Nr. 13). Und schon in seiner Ansprache zur Eröffnung der zweiten Konzilssession sagt der Papst, die Welt solle wissen, dass die Kirche »nicht dazu da ist, sie zu beherrschen, sondern ihr zu dienen (non ei dominandi sed serviendi)« (Nr. 8).[56] Und in der Tat war in den Konzilsjahren viel die Rede von einer armen und dienenden Kirche. Wie angedeutet, erlangte das Thema »Kirche der Armen« in den Schlusstexten allerdings nicht die von vielen Konzilsteilnehmern gewünschte Präsenz. Die Aufmerksamkeit der Konzilsmehrheit wandte sich in erster Linie den beiden anderen Ideen Johannes' XXIII. zu: der Präsenz in der Welt von heute und dem ökumenischen Dialog; in diesen Bereichen kamen höchst interessante und fruchtbare Gesichtspunkte zum Tragen. Die Beziehung zwischen Evangelium und Armut, zwischen der Verkündigung des Reiches und den Armen hingegen fand beim Konzil weniger Anklang. Medellín aber griff die Position von Papst Johannes hinsichtlich der Armut wieder auf und zentrierte seine Arbeit um die pastorale und theologische Herausforderung, vor die uns dieses Thema stellt.

Die praktische Umsetzung dieser Forderung des Evangeliums ist mancherorts gelungen, anderswo hat sie ein Hin und Her erlebt, hat Unterstützung und Widerstand gefunden, gefehlt aber hat sie im Leben der Kirche unseres Kontinents nicht. Vielleicht ist sie nicht in dem Maße vorhanden, wie wir es uns wünschen, auch ist sie nicht immer von den Instanzen vollzogen worden, von denen wir es erhoffen könnten, man kann aber nicht, vor allem in den armen Ländern nicht, behaupten, was im Konzilsereignis und in anderen wichtigen Texten über die Solidarität mit den aus den verschiedensten Gründen Ausgeschlossenen vertreten wurde, sei in diesen Jahren ohne nachhaltige Wirkung geblieben. Trotzdem gibt es hier noch viel zu tun. Der eingeschlagene Weg findet heute Bestätigung und Ermutigung durch die starken Worte in »Evangelii gaudium« von Papst Franziskus, der »eine arme Kirche für die Armen« will.

Zu genau diesem Dienst will die »vorrangige Option für den Armen« inspirieren; der Ausdruck und das durch ihn bezeichnete Engagement haben zwar ihre Wurzeln in der Heiligen Schrift, kennen aber auch zeitgenössische Quellen, darunter die Worte Johannes' XXIII., die er am 11. September 1962, einen Monat vor dem Beginn des Konzils, sprach: »[…] gegenüber den unterentwickelten Ländern erweist sich die Kirche als das, was sie ist und sein will, die Kirche aller, vornehmlich die Kirche der Armen.«[57] Universalität und Präferenz der Liebe Gottes, die sich ausnahmslos an jeden Menschen richtet und zugleich in einer christlichen Sicht den vorrangigen Ort der Marginalisierten und Unterdrückten benennt. Die Treue zum Zeugnis Jesu setzt voraus, dass diese beiden Dimensionen gleichzeitig gegeben sind und einander nähren und bedingen.[58]

Die Konferenz von Aparecida (Brasilien, 2007) hat klare Position zu den von uns behandelten Themen bezogen. Sie hat auf der vorrangigen Option für den Armen insistiert[59] und den Samariter zu einer emblematischen Gestalt gemacht, mit der sich die Evangelisierungs- und Humanisierungsaufgabe der Kirche darstellen lässt. »Von Christus erleuchtet fühlen wir uns durch Leid, Unrecht und Kreuz herausgefordert, als samaritanische Kirche zu leben (vgl. Lk 10,25–37)« (A 26)[60], das heißt im Dienst der Bedeutungslosen und Vergessenen. Dem Faden des Lukasevangeliums folgend, setzt sie hinzu: »und erinnern uns dabei, ›dass sich die Evangelisierung immer zusammen mit der Förderung des Menschen und der wahren christlichen Befreiung entfaltet hat‹« (ebd.). Zeugnis vom Evangelium geben heißt, die Freude über die Gegenwart der Liebe Gottes in unserem Leben zu teilen.[61] Die Evangelisierung ist die Frohe Botschaft von der ungeschuldeten Liebe Gottes, die uns auffordert, uns für die Förderung der Gerechtigkeit, für die Befreiung von jedweder Unterdrückung und für die Gemeinschaft mit dem Gott des Lebens einzusetzen. Es geht um die Liebe zu Gott und zum Nächsten, die eine einzige Realität bilden. Wir sprechen von ungeschuldeter Liebe natürlich nicht in dem Sinn, dass sie etwas Willkürlich-Beliebiges wäre, sondern in dem Sinn, dass sie nicht durch die ethischen und humanen Verdienste der Menschen im Allgemeinen motiviert ist, sondern durch deren schlichte Existenz und Not, wie im Fall des Verletzten aus dem Gleichnis, das wir kommentiert haben. Auf dieser Linie liegt die johanneische Aussage »Gott hat uns zuerst geliebt« (1 Joh 4,19): Er ergreift die Initiative.

Dies ist eine Fokussierung, die den daraus sich ergebenden Folgerungen Kraft verleiht; die Konferenz von Aparecida hat das mehrfach betont. Wenn wir dem Ruf Jesu zur Nachfolge entsprechen wollen, »müssen wir in die Dynamik des barmherzigen Samariters (vgl. Lk 10,29–37) eintreten. Sie verpflichtet uns, vornehmlich für alle Leidenden Nächste zu werden und eine Gesellschaft ohne Ausgeschlossene zu gestalten, indem wir so handeln wie Jesus« (A 135). »Uns zu Nächsten machen, zu Nächsten werden« – das heißt, die Initiative zu ergreifen, uns dem anderen zu nähern, wie wir im Gleichnis gesehen haben, das aber heißt, »als barmherzige Samariter die Not der Armen und der Leidenden sehen sowie ›gerechte Strukturen‹ schaffen, ›ohne die eine gerechte Ordnung in der Gesellschaft nicht möglich ist‹« (Benedikt XVI.).[62] Damit unser Kontinent als »unser gemeinsames Zuhause« ein »Kontinent der Hoffnung, der Liebe, des Lebens und des Friedens sein kann« (A 537). Und an anderer Stelle sagt Aparecida zur Evangelisierungsaufgabe und zur vorrangigen Option für die Armen, sie habe ihren Ursprung »in der leidenschaftlichen Liebe zu Christus, der das Volk Gottes bei seiner Aufgabe begleitet, das Evangelium dadurch in die Geschichte zu inkulturieren, dass es eifrig und unermüdlich den Liebesdienst des Samariters tut«

(A 491). Diese samaritanische Caritas ist die Seele der Spiritualität, die das Konzil vertritt, eine Liebe, die der Aufrichtung der Gerechtigkeit und der Achtung vor der Menschenwürde jedes Einzelnen Stärke und Tiefe verleihen soll.

Der Ausdruck »samaritanische Kirche« benennt nicht nur, sondern betont auch nachdrücklich die Wege, die einzuschlagen sind, wenn die anfanghafte Gegenwart des Reiches Gottes in der Geschichte angesagt werden soll. Von Medellín her und im Geist des II. Vatikanum haben viele auf unserem Kontinent diese Position eingenommen. Man hat verstanden, dass die Verkündigung der an jeden Menschen gerichteten Frohen Botschaft zur vorrangigen Solidarität mit den Armen und Unterdrückten führt und die Situation der Ungerechtigkeit, in der sie leben, ablehnt, weil sie dem Willen des liebenden Gottes widerspricht. Dieser Prozess ist in die Praxis des Volkes Gottes eingemündet, und in den Entschließungen der Konferenz von Aparecida nimmt er eine neue Tönung an und öffnet sich für neue Perspektiven.

Der Primat des anderen – und nichts repräsentiert dessen Stelle besser als der Arme und Ausgeschlossene – ist ein Hauptmerkmal des befreienden Wortes des Evangeliums. Die solidarische Option für den Vergessenen und Misshandelten impliziert, dass wir auf seinen Weg treten, ihn zu unserem Gastfreund machen, ihn nicht mehr nur als Bedürftigen oder als Opfer sehen, sondern als einen Gleichwertigen, so verschieden von uns er auch sein mag. Mit vollem Respekt vor seinem Recht, der Akteur seiner eigenen Geschichte zu sein, machen wir uns seine Forderung nach Gerechtigkeit und sein Streben nach einem menschlicheren Leben zu eigen gemäß dem Pauluswort: »Nehmt einander an, wie auch Christus uns angenommen hat« (Röm 15,7). Denn die letzte Grundlage und der Leitstern für das Verhalten des Christen ist ja die Nachfolge Jesu.[63]

Von der Welt der Armen aus sind wir auf dem Weg – ohne Umweg, der uns den Anblick des Unrechts und Leidens ersparen würde, unter dem die Armen seufzen; wir nähern uns dem anderen, und so können wir die verschiedenen Dimensionen – spirituelle, theologische und evangelisatorische – der vorrangigen Option für die Armen verstehen. Sie in ihrer Komplexität und Interaktion zu leben setzt voraus, was das Evangelium Bekehrung, *metánoia*, nennt und was in der Bibel heißt, einen Weg zu verlassen und einen anderen zu betreten. In diesem Fall den Weg – und die Welt – des Armen mit allem, was dies an Komplexität beinhaltet und an Treue zum Wort Jesu verlangt. Das ist der Ausgangspunkt und die unverzichtbare Bedingung, wenn man das Reich Gottes annehmen und den Schritten Jesu folgen will, der das Reich angesagt und dazu aufgerufen hat, sich zu bekehren und an die Frohe Botschaft zu glauben (vgl. Mk 1,15). Ebendarum hat man die Geschichte vom Samariter eine »Bekehrungsparabel« genannt.[64]

Paul VI. präzisiert und begründet in den Schlussabsätzen seiner Ansprache den letzten Sinn der Richtschnur einer Spiritualität, die sich an der alten Geschichte vom Samariter orientiert: In der Begegnung mit dem Armen und Unbedeutenden ereignet sich die Begegnung mit Jesus. »Im Angesicht jedes Menschen, vor allem wenn es in Tränen und Schmerzen hervorleuchtet, ist das Angesicht Christi zu erkennen (vgl. Mt 25,40)« (Ansprache, Nr. 16); der Matthäustext lässt die Geste des Samariters gegenüber dem Notleidenden noch deutlicher und fordernder hervortreten. Damit fällt der Vorwurf, das Konzil habe eine Reduzierung aufs bloß Humanistische vollzogen, dahin; die Wertschätzung der Geschichte und der Dienst an der Menschheit sind vielmehr Teil einer Spiritualität, die zum Gott des Reiches führt: »Unsere Weise, die menschlichen Dinge zu schätzen, wird zu einem Christentum, das sich als ganzes sowohl auf Gott als auch auf das Gemeinwohl richtet; sodass wir die Sache auch so ausdrücken können: Man muss den Menschen erkennen, damit Gott erkannt werden kann« (ebd.). Darin besteht die wahre konziliare Theozentrik.

Diese Aussagen zeugen von einem profunden Verständnis dessen, was wir das Konzilsereignis genannt haben; in ihnen zeichnet sich eine Leitlinie für das individuelle und kommunitäre Verhalten ab, die nichts von ihrer Frische verloren hat und nach wie vor offen und inspirierend ist. Was uns vor Augen steht, ist eine Spiritualität, ein »Lebensstil«[65], ein Weg, der uns einlädt, ihn zu gehen.

*Aus dem Spanischen von Michael Lauble*

# APARECIDA UND DIE VORRANGIGE OPTION FÜR DIE ARMEN

Nicht anders als die vorangegangenen Bischofskonferenzen von Lateinamerika und der Karibik wird die Versammlung von Aparecida das Leben der Kirche auf dem Kontinent prägen und über sie hinaus Auswirkungen haben. Besagte Konferenzen sind Teil und Ergebnis langer Prozesse, an denen wichtige Sektoren des Volkes Gottes beteiligt waren. Das II. Vatikanum hatte den Weg gewiesen, auf dem von Medellín an zahlreiche Laien, Priester, Ordensleute, Mitglieder anderer christlicher Kirchen und anderer Religionen bis hin zur Durchführung der Konferenzen selbst tätig wurden. Diesen Beitrag haben sie auch zur V. Konferenz geleistet.[66]

Deren Vorbereitung im weiteren Sinne bestand, allen Schwierigkeiten und auch allem Unverständnis zum Trotz, im Engagement und in der Treue zum Evangelium und zu den Armen dieses Kontinents. So kann das Schlussdokument der Konferenz erklären: »Das tapfere Zeugnis unserer heiligen Männer und Frauen, auch derer, die noch nicht heilig gesprochen sind, wollen wir nicht vergessen; sie haben das Evangelium in aller Radikalität gelebt und ihr Leben für Christus, für die Kirche und für ihr Volk hingegeben« (A 99).

Viele von ihnen sind bekannt, viele andere sind anonym, aber alle sind sie »Zeugen des Glaubens«, wie das Aparecida-Dokument sagt (eine Anerkennung und Ehrung, die wir bei den früheren Konferenzen vermisst haben). Daher ist Aparecida für diejenigen, die dieser – stillschweigenden, aber immer lebendigen – Linie des Engagements und der Hingabe im Leben der lateinamerikanischen Kirche von Nahem gefolgt sind, keine Überraschung.

Der direkte Weg, der zu dieser Konferenz führte, war markiert von Dialogen und Konsultationen mit Personen unterschiedlicher Positionen sowie durch mehrere Treffen des CELAM, auf denen sich das Profil dieser Versammlung mehr und mehr herausbildete. Diese Offenheit hielt auch während der Tage der Konferenz an und trug dazu bei, sie zu einem wichtigen Moment im Leben der lateinamerikanischen und karibischen Kirche zu machen. Das entstandene Klima wird zweifellos in der folgenden Zeit, in der die Rezeption des Ereignisses von Aparecida und seiner Beschlüsse eine entscheidende Rolle spielen wird, seinen Einfluss ausüben.

Das Marienheiligtum, in dem die Versammlung stattfand, brachte diese in engen Kontakt mit der Religiosität eines Volkes, das sie mit wachem Interesse und mit seinen Gebeten begleitete. Man hat gesagt, Aparecida bedeute eine Ratifizierung der theologisch-pastoralen Linie, welche die vorausgegangenen kontinentalen Treffen eingeschlagen hatten.[67] Das trifft in mehrfacher Hinsicht zu. Zugleich oder besser gesagt: Genau aus diesem Grund zeichnet es sich aus durch Kreativität und durch den Blick auf die Zeit, die kommt, und hält die aktuellen Herausforderungen für das Erleben und die Verkündigung der Botschaft des Evangeliums im Bewusstsein. Dieser Treue und Offenheit müssen wir unsere Aufmerksamkeit schenken, wenn wir die Bedeutung und Reichweite sowohl des Ereignisses als auch des Dokuments von Aparecida sehen wollen.

Die folgenden Seiten erheben nicht den Anspruch, einen Kommentar zum Dokument in seiner Gesamtheit zu liefern[68]; sie wollen lediglich von einer seiner Achsen handeln, die gewiss zentral ist und dem gesamten Text Struktur verleiht und uns ein fundamentales Kriterium für seine Lektüre liefert: die vorrangige Option für die Armen. In der Tat »gehört [diese Perspektive] zu den charakteristischen Zügen unserer Kirche in Lateinamerika und der Karibik« (A 391). Diese Fokussierung ist Ausdruck der Reife einer Kirche, die sich seit der zweiten Hälfte des vergangenen Jahrhunderts verpflichtet, der sozialen und kulturellen Realität des Kontinents ins Gesicht zu blicken, eines Kontinents, auf dem sie in Treue zu Jesu Auftrag, das Reich Gottes und seine Gerechtigkeit zu suchen (Mt 6,33), das Evangelium bezeugen und verkündigen soll.[69]

Wir werden als Erstes sehen, welchen Nachdruck die Konferenz darauf gelegt hat, dass man die Zeichen der Zeit erkenne, wie es einst Johannes XXIII. bei der Einberufung des Konzils gefordert hat. Danach werde ich untersuchen, wie sich in Aparecida das Fundament und die Implikationen der Option für den Armen darstellen. Und schließlich hebe ich eine der wichtigsten Konsequenzen aus dieser Option hervor: die Beziehung zwischen der Verkündigung des Evangeliums und der Transformation der Geschichte.

# Die Zeichen der Zeit erkennen

In dem Prozess, der zur Konferenz von Aparecida führte, hat sich die Notwendigkeit bestätigt, sich die Methode »sehen – urteilen – handeln« wieder neu zu eigen zu machen. Der gläubigen Lektüre (denn darum handelt es sich) der geschichtlichen Realität wurde höchste Bedeutung beigemessen, wenn die evangelisatorische Präsenz der christlichen Gemeinschaft Lateinamerikas Profil erhalten soll.

Damit hat sich die Konferenz in der Perspektive verortet, die in den Konzilstagen (durch die Enzykliken von Johannes XXIII., in *Gaudium et spes* und in anderen Texten) aufkam und bekanntlich in Medellín, Puebla und, wenn auch in geringerem Maß, in Santo Domingo wirksam war.

## Eine Lektüre aus dem Glauben

Von Anfang an nimmt sich Aparecida vor, eine Lektüre der Realität aus dem Glauben zu praktizieren, und setzt sie in Beziehung zu seinem zentralen Thema: »Als Jünger Jesu Christi fühlen wir uns herausgefordert, im Licht des Heiligen Geistes die ›Zeichen der Zeit‹ zu erforschen, um uns in den Dienst des Reiches Gottes zu stellen, das Jesus verkündigt hat. Er ist gekommen, damit alle das Leben haben und es in Fülle haben (Joh 10,10)« (A 33).

Die Unterscheidung der Zeichen setzt eine »persönliche Umkehr« voraus; sie ist die persönliche Bereitschaft, »aufmerksam [zu] hören«, was der Herr uns sagt (A 366). Wer in unserer Zeit das Thema aufs Tapet gebracht hat, war bekanntlich Johannes XXIII. Er tat es in dem Text zur Einberufung des Konzils, *Humanae salutis* (1960), und berief sich dabei auf Mt 16,3 und auf die prophetischen Bücher, in denen sich findet, was wir eine Pädagogik der Unterscheidung der Zeichen der Zeit nennen könnten (siehe etwa Jer 1,11–19). Es ist eine Pädagogik, die sich in einer strengen Lehrzeit realisiert, in deren Verlauf der Blick auf das geschichtliche Werden sich stetig verfeinern muss. In zwei großen Enzykliken griff der Papst auf diesen Blickwinkel zurück: *in Mater et magistra* (1961) und *in Pacem in terris* (1963). Es war ein Aufruf zum »Weitblick«, wie Johannes XXIII. gern sagte.

In der Enzyklika »Ecclesiam suam«, die großen Einfluss auf das II. Vatikanum hatte, kam Paul VI. ganz offen auf das Thema zurück. Und schließlich haben wir die Konzilstexte selbst; am Anfang von *Gaudium et spes* wird in einer bekannten Passage die Notwendigkeit festgestellt, um der Beziehung zwischen der Kirche und der Welt willen »nach den Zeichen der Zeit zu forschen und sie im Licht des Evangeliums zu deuten. So kann sie [die Kirche] in einer jeweils einer Generation angemessenen Weise auf die bleibenden Fragen der Menschen nach dem Sinn des gegenwärtigen und des zukünftigen Lebens und nach dem Verhältnis beider zueinander Antwort geben« (Nr. 4).[70]

Diese Konzentration von Stellungnahmen (zudem noch auf einer hohen Ebene des Lehramts) in den Konzilsjahren hat diesen Gesichtspunkt zu einer der bedeutsamsten Markierungen und wichtigsten Folgen des II. Vatikanum werden lassen. Er hat sich auch in den lateinamerikanischen Bischofskonferenzen seit Medellín bemerkbar gemacht, indem sie diese Perspektive als methodische Achse ihrer Texte wählten. Ihr Widerhall im Leben der christlichen Gemeinde war und ist gewaltig, er eröffnet neue Wege zum christlichen Engagement.

## Ein permanenter Auftrag

Die Rezeption, die der Vorstoß von Johannes XXIII. fand, belegt seine Übereinstimmung mit der christlichen Botschaft und mit der aus dem Glauben erwachsenden Sensibilität. Es ist eine Optik, die untrennbar mit der Menschwerdung des Gottessohnes verknüpft ist, welche die Liebe Gottes zum Menschengeschlecht in seinem geschichtlichen Werden offenbart. Dies ist das theologische Fundament des Ganzen. Das, was in der menschlichen Geschichte den Forderungen und der Gegenwart des Reiches Gottes entspricht, von dem zu unterscheiden, was im Gegensatz dazu dessen Abwesenheit erkennen lässt, ist die Aufgabe der gesamten Kirche.[71] Tatsächlich war in dieser Sicht von Anfang an klar, dass die geschichtlichen Ereignisse, die es zu erforschen gilt, nicht nur positiv sind, dass es vielmehr ganz offensichtlich auch solche gibt, die nicht auf der Linie der evangelischen Werte liegen. Dieser Ansatz des Verständnisses von Geschichte ist zentral für die Aufgabe der Verkündigung des Evangeliums; in diesem Horizont sind die Äußerungen Johannes' XXIII. und des Konzils zu verstehen.

Wir haben es mit einer permanenten Aufgabe zu tun, die sich jedoch ständig erneuern muss. So sieht es Aparecida. Eine Reihe von Geschehnissen der letzten Jahre auf ökonomischer, politischer, kultureller Ebene wie auch im religiösen und christlichen Bereich skizziert in schwindelerregendem Tempo eine ganz neue Situation, die vielen unserer Gewissheiten den Boden entzieht und nicht wenige bis vor Kurzem noch bestehende historische Projekte ins Wanken bringt. Es handelt sich dabei zweifellos um das Resultat einer langen Entwicklung, es stimmt aber auch, dass die Geschichte ihren Gang in jüngerer Zeit beschleunigt hat.

Sicher sind die Formen, wie die Armen und Unterdrückten die Bühne des Geschehens betreten, heute anders als in der Vergangenheit, sie machen sogar eine Krise durch und haben Rückschläge erlebt; dennoch müssen wir aufmerksam sein für die unbekannten Wege, die sie derzeit einschlagen. Deutlicher als in früheren Epochen bringen sie die unterschiedlichen Dimensionen der Insignifikanz und Diskriminierung zum Ausdruck. Was wir den Einbruch der Armen genannt haben, lässt sich nicht auf eine einzige seiner historischen Manifestationen reduzieren.

So vervollständigt sich allmählich das Bild von der komplexen Realität der Armen durch Trial-and-Error, ob mit schrillen Tönen oder ohne sie, aber letztlich wird es präziser und herausfordernder, und genau das nimmt Aparecida zur Kenntnis. Mit anderen Worten: Wir stehen vor einem Prozess, der noch nicht alles geleistet hat.

## Die Methodenfrage in Aparecida

Der Weg, den es einzuschlagen gilt, um die Aufgaben der christlichen Gemeinde in Lateinamerika und der Karibik von heute genau zu bestimmen, war ein umstrittenes Thema in der Vorbereitung auf Aparecida und noch bei der Konferenz selbst.

### sehen – urteilen – handeln

Wir haben daran erinnert, dass es ein entscheidendes Element in den Dokumenten von Medellín und Puebla war, von der Analyse und Interpretation der historischen Realität auszugehen. Für Santo Domingo trifft dies nicht zu, und zwar aufgrund von Äußerungen, die der Befürchtung Rechnung tragen wollten, auf diese Weise könnte ein gewisser »Soziologismus« Platz greifen, der dazu führen würde, dass die Perspektive des christlichen Glaubens verloren ginge oder zumindest nur mehr schwer zu wahren wäre.

Das hieß natürlich, den Sinn dieser Methode zu verkennen, die ja gerade festhält, dass Sehen bereits eine Lektüre aus Glauben ist: Die Leute, die sie – nach ihrer Einführung durch die Christliche Arbeiterjugend und ihrer Förderung durch Kardinal Cardijn – anwenden, wissen das sehr wohl. Einige Kommissionen in Santo Domingo unternahmen einen Versuch, an ihr festzuhalten, aber die generelle Ausrichtung, die davon Abstand nahm, verschlechterte das Endprodukt. Dessen war man sich in Aparecida voll bewusst. Ich erinnere an diesen Vorgang, weil er zu einem guten Teil erklärt, weshalb die große Mehrheit der Episkopate darauf insistierte, diese Methode, die zu einer

Lektüre der Zeichen der Zeit führt, zu übernehmen. Das »Documento de Participación« griff, wie erwartet, das Thema nicht auf. Wohl aber das »Documento de Síntesis«, das die Beiträge der verschiedenen Bischofskonferenzen des Kontinents zusammenfasste; es erkannte an, dass diese Methode bei den früheren Lateinamerikanischen Konferenzen, und zwar mit Erfolg, verwendet worden war (vgl. Nr. 34–36). Die ersten Schemata des Schlussdokuments – die lediglich Entwürfe waren – erwähnen sie nicht; ebenso wenig die ersten beiden Redaktionen, auch wenn sie diese teilweise berücksichtigen. Angesichts einer später laut werdenden Forderung macht sich die Konferenz die Methode ausdrücklich zu eigen; das Thema wurde dann in einer Abstimmung mit großer Mehrheit ratifiziert und anerkannt. Das sagt die Zusammenfassung des Dokuments mit aller wünschenswerten Deutlichkeit[72], ebenso auch das Schlussdokument selbst (vgl. A 19, ein Abschnitt, der seit der dritten Redaktion unverändert ist)[73]. Und tatsächlich ist der Schlusstext gemäß diesen drei Etappen gegliedert.

## Die theologischen Orte

Die Unterscheidung der Zeichen der Zeit und die Methode »Sehen – Urteilen – Handeln« stehen in Beziehung zu dem klassischen Thema der »loci theologici«, der theologischen Orte. Bei diesen handelt es sich um einen entscheidenden Beitrag zur theologischen Methodologie, die von Melchior Cano, einem Theologen der Schule von Salamanca, stammen.

Die neue Wertschätzung der menschlichen Geschichte in seiner Epoche, dem 16. Jahrhundert, geht durchaus mit dieser

Thematik zusammen.[74] Cano will dem Rechnung tragen und stellt systematisch und vielleicht mit einer gewissen Rigidität dar, was er die »loci theologici« nennt; er sieht sie als Quellen an, welche die Materie der theologischen Reflexion liefern. Zehn solcher Orte nennt er, aber nicht alle liegen auf derselben Ebene, Schrift und Tradition sind die grundlegenden und bilden den Ausgangspunkt; zu den anderen acht gehören etwa das Leben der Kirche und ihr Lehramt sowie die Theologie, das philosophische Denken und die menschliche Geschichte. Heute, so scheint uns, gibt es eine Tendenz, am Quellencharakter des theologischen Ortes festzuhalten, aber der Auffassung zu sein, dass er auch ein kirchlicher und sozialer Ort ist, von dem aus der Diskurs über den Glauben erarbeitet wird.[75] Was dieser Funktion einschließlich der erwähnten Abstufungen ihr Fundament verleiht, ist das biblische Datum der Gegenwart Gottes in der Geschichte.

## Das »Gesetz der Inkarnation«

Marie-Dominique Chenu[76] gebrauchte die Wendung »Gesetz der Inkarnation« als hermeneutischen Schlüssel – dessen Quelle die Inkarnation des Wortes des Vaters in der Geschichte ist –, um die christliche Botschaft und die geschichtliche Entwicklung der Menschheit zu verstehen.

Die Ansprache Benedikts XVI., die einen entscheidenden Einfluss auf die Entschließungen von Aparecida hatte[77], insistiert darauf, dass Gott menschliches Antlitz hat und daher in der

Geschichte gegenwärtig ist: »Gott ist die grundlegende Wirklichkeit, nicht ein nur gedachter oder hypothetischer Gott, sondern der Gott mit dem menschlichen Antlitz; er ist der Gott-mit-uns, der Gott der Liebe bis zum Kreuz« (Nr. 3). Das matthäische Emmanuel-Thema – das vom Alten Testament herkommt – prägt seine Worte und bietet eine starke Stütze für die Rede von den Engagements, welche die Christen und die Kirche insgesamt angesichts der Situation in Lateinamerika und der Karibik eingehen müssen.

Zu Beginn seiner Ansprache erklärt der Papst – in einer Sprache, die in der Vergangenheit manche mit Misstrauen vernahmen – sogar: »Das Wort Gottes ist, als es in Jesus Christus Fleisch wurde, auch Geschichte und Kultur geworden« (Nr. 1).[78] Indem er Mensch wird, tritt er in die menschliche Geschichte ein und situiert sich in einer Kultur; das sind notwendige Dimensionen mit erheblichen Konsequenzen für ein angemessenes Verständnis der christlichen Botschaft, einer Botschaft, die in der Geschichte ergeht und sie zugleich übersteigt.

# Bekräftigung der vorrangigen Option für den Armen

Das Band zwischen Gott und dem Armen ist Thema in der gesamten Bibel. Bartolomé de Las Casas sagt es in einem schönen, ausdrucksstarken Gedanken, den er zur Verhaltensrichtschnur in seiner solidarischen Verteidigung der autochthonen Bevölkerung jener Länder machte: »An den Kleinsten und Vergessensten hat Gott die lebhafteste und frischeste Erinnerung.« Diese Erinnerung ist in Aparecida präsent, und auf ihr basiert die vorrangige Option für die Armen, der zeitgenössische Ausdruck eines von jeher zentralen Punktes der christlichen Botschaft.

»Entschlossen machen wir uns erneut die Option für die Armen zu eigen« (A 399), »unsere Option wird bekräftigt« (Zusammenfassung, Nr. 6), »Daher bekräftigen wir die vorrangige, evangeliumsgemäße Option für die Armen« (Botschaft an die Völker, Nr. 4). Die Texte von Aparecida weisen diese Wendungen mehrfach auf, in ihnen manifestiert sich ganz klar der Wille, sich in erneuerter, kreativer Kontinuität zur vorrangigen Option für den Armen zu bekennen, eine Sicht, welche die lateinamerikanisch-karibische Kirche in den letzten Jahrzehnten zu der ihren gemacht hat. Diese Option, so sagt es eine bereits zitierte Passage, »gehört zu den charakteristischen Zügen unserer Kirche« (A 391) auf dem Kontinent. Es ist eine Überzeugung, die Aparecida als einen »point of no return« in der auf diesem Kontinent lebenden Kirche markiert.[79]

## Das christologische Fundament

Zweifellos gilt eine der relevantesten Aussagen der Eröffnungsansprache von Benedikt XVI., die auch das Schlussdokument in hohem Maß beeinflusst hat, dem christologischen Fundament der Option für die Armen. Dass der Papst das Thema aufgriff und es in klaren Worten vor der Bischofskonferenz aussprach, auf dem die Formulierung der Solidarität mit den Armen entstanden war, war besonders bedeutsam.

Benedikt XVI. stellt die Option in einen größeren Rahmen, indem er daran erinnert, dass uns der christliche Glaube aus dem Individualismus herausholt und Gemeinschaft mit Gott und damit auch unter uns schafft: »Der Glaube befreit uns von der Isolation des Ich, weil er uns zur Gemeinschaft führt: Die Begegnung mit Gott ist in sich selbst und als solche Begegnung mit den Brüdern, ein Akt der Versammlung, der Vereinigung, der Verantwortung gegenüber dem anderen und den anderen« (Ansprache, Nr. 3). Die Option für die Armen ist ein Weg zur Gemeinschaft und findet in ihr tiefen und fordernden Sinn. Der Text fährt unmittelbar fort: »In diesem Sinn ist die bevorzugte Option für die Armen im christologischen Glauben an jenen Gott implizit enthalten, der für uns arm geworden ist, um uns durch seine Armut reich zu machen (vgl. 2 Kor 8,9)« (ebd.). Es ist der Glaube an einen Gott, der einer von uns geworden ist; er manifestiert sich im Zeugnis der vorrangigen Liebe Jesu Christi zu den Armen.

Auf dieser Linie der Inkarnation wird der Text im Aparecida-Dokument zitiert: »Im Glauben rufen wir aus: ›Jesus Christus ist [ …] menschliches Antlitz Gottes und göttliches Antlitz des Menschen‹« (A 39, unter Rückgriff auf: Ecclesia in America, Nr. 67). Es folgt ein Zitat aus der Ansprache des Papstes: »Deshalb ›ist die bevorzugte Option für die Armen im christologischen Glauben an jenen Gott implizit enthalten, der für uns arm geworden ist, um uns durch seine Armut reich zu machen‹« (A 392, unter Rückgriff auf die Eröffnungsansprache, Nr. 3). »Deshalb« – das Äquivalent für »In diesem Sinn« aus der Papstansprache – und die Erwähnung des menschlichen und göttlichen Antlitzes Christi bekräftigen ebenfalls noch einmal das Fundament jener Option: den Glauben an Christus. Genau da liegt die Wurzel. Klar und deutlich sagt Aparecida: »Diese Option hat ihren Ursprung in unserem Glauben an Jesus Christus, den Mensch gewordenen Gott, der unser Bruder wurde (vgl. Hebr 2,11–12)« (A 392)[80]; die Geschwisterlichkeit zwischen Christus und den Menschen, die Gemeinschaft, von der in der päpstlichen Eröffnungsansprache die Rede war, wird im Aparecida-Dokument durch die Bezugnahme auf den Hebräerbrief akzentuiert.

Zwei Nummern weiter wird die Idee der Option für die Armen als in der Christologie impliziert und als aus ihr hervorgehend aufgegriffen: »Aus unserem Glauben an Christus stammt auch die Solidarität im Sinne einer ständigen Bereitschaft zu Zuwendung, Geschwisterlichkeit und Hilfestellung« (A 394). Diese verschiedenen Termini betonen die Beziehung zwischen Christus und der Option für die Armen. Diese Verbindung wird in der diese Erwägungen begleitenden theologischen Reflexion angesprochen und findet sich auch in den drei früheren lateinamerikanischen Konferenzen. In ihnen erscheint das christologische Fundament der Option für den Armen.[81] Sie alle beziehen sich auf denselben Text, nämlich 2 Kor 8,9, auf den auch Benedikt XVI. und Aparecida anspielen; allerdings verleiht die Formulierung, die wir in seinen Texten sehen, einer Perspektive, die dem Leben der Kirche auf unserem Kontinent und darüber hinaus ein unauslöschliches Siegel aufgeprägt hat, Präzision, Aktualität und große Kraft. Auf diese Weise wird die Option für die Armen zu einer Achse des Dokuments von Aparecida, und das ist sie genau deshalb, weil es sich um eine Achse im Leben und in der Reflexion eines Jüngers Christi handelt.[82]

## Die Antlitze der Armen

Das Dokument von Aparecida benennt eine wichtige Konsequenz des über das Fundament der Option für den Armen Gesagten: »Wenn diese Option implizit im christologischen Glauben enthalten ist, müssen wir Christen als Jünger und Missionare in den Leidensantlitzen unserer Geschwister das Antlitz Christi anschauen, der uns auffordert, ihm in ihnen zu dienen« (A 393). Und es führt eine Passage von Santo Domingo (Nr. 178) an: »Die Leidensantlitze der Armen sind Leidensantlitze Christi.« Diese Erkenntnis impliziert einen Blick »mit den Augen des Glaubens« (A 32).

Das offenkundig vom Evangelium inspirierte Thema kommt bekanntlich in Puebla auf (Nr. 31–39). Seine Rezeption in den christlichen Gemeinden des Kontinents und in vielen ihrer liturgischen Feiern war enorm. Santo Domingo griff es auf, erweiterte die Liste der Antlitze und verlangte, sie solle fortgeführt werden. Das hat Aparecida getan, indem es diesen Gedanken übernahm, der in der Kirche Lateinamerikas in den letzten Jahrzehnten lebendig war. Wir finden im Aparecida-Dokument sogar zwei Listen der neuen Antlitze der Armen, in denen wir das Antlitz Christi erkennen sollen.[83]

Exakt und mit Nachdruck wird die Auffassung vertreten, dass die Herausforderung, die von diesen Antlitzen ausgeht, an den Kern der Dinge geht (Nr. 31–39): »Sie stellen kirchliches Handeln und kirchliche Pastoral sowie unser Verhalten als Christen zutiefst infrage« (A 393). Die Begründung ist klar und fordernd, denn »alles, was mit Christus zu tun hat, hat mit den Armen zu tun, und alles, was mit den Armen zu tun hat, ruft nach Jesus Christus: ›Was ihr für einen meiner geringsten Brüder getan habt, das habt ihr mir getan‹ (Mt 25,40)« (ebd.). Die Beziehung zwischen Christus und dem Armen ist eng. Der Haupttext Mt 25, der in der Geschichte der Evangelisierung und in der Solidarität mit den Armen unseres Kontinents schon lange präsent ist, legt die Basis für diese Sicht. Aus diesem Grund ist Mt 25 die biblische Passage, die von der Theologie der Befreiung am intensivsten bearbeitet wurde.[84]

Die hier mehrfach zitierte Nummer des Aparecida-Dokuments endet mit einem neuerlichen christologischen Verweis: »Johannes Paul II. hat betont, dass dieser biblische Text ›einen Lichtstrahl auf das Geheimnis Christi wirft‹.[85] Denn in Christus machte sich der Bedeutende unbedeutend, der Starke schwach, der Reiche arm« (A 393). Tatsächlich beschränkt sich der Matthäustext nicht auf eine Frage des Verhaltens des

Christen, auf ein vom Evangelium inspiriertes Ethikproblem; er zeigt uns nämlich einen Weg auf, Emmanuel, den Gott mit uns, den in der Menschengeschichte anwesenden Gott, zu verstehen. Wenn wir nicht bis zu diesem Punkt gehen, werden wir seine Tiefe und Reichweite nicht erfassen. Die Kontraste des zitierten Satzes sind besonders bezeichnend.

Der Schlusstext des ersten Kapitels im Aparecida-Dokument fasst sehr schön zusammen, worum es in diesem Abschnitt geht: »Im Antlitz des getöteten und auferweckten, unserer Sünden wegen misshandelten, aber vom Vater verherrlichten Jesus Christus, in seinem Antlitz voll Schmerz und Glorie können wir mit den Augen des Glaubens die geschändeten Antlitze so vieler Männer und Frauen aus unseren Völkern und zugleich ihre Berufung zur Freiheit der Kinder Gottes, zur vollendeten Erfüllung ihrer menschlichen Würde und zur Geschwisterlichkeit erkennen. Die Kirche steht im Dienste aller Menschen, aller Töchter und Söhne Gottes« (A 32).

## Der Vorrang für die Armen

Worum es bei dem Ganzen geht, ist eine Option, die eine feste Solidarität und ein entschlossenes Engagement beinhaltet. Die Armen sind die Ersten in der Liebe Gottes zu allen, der Vorrang schwächt das Fordernde dieser Option nicht ab, sie ist keine optionale Option, wie es häufig hieß. Beide Vokabeln, »Option« und »Vorrang«, werden vom Aparecida-Dokument übernommen und vertieft.

## Kairos

Der sogenannte »Einbruch des Armen« in das Leben des Kontinents hat eine Reflexion in Gang gesetzt, die dieses Zeichen der Zeit im Licht des Glaubens betrachtet.

Dieser Weg hat zu einem Bibelstudium geführt, das in die Formulierung der Option für den Armen mündet. Die in dieser Option implizierte Solidarität gilt folglich den realen Armen, denjenigen, die in einer Situation des Unrechts und der sozialen Bedeutungslosigkeit leben, die dem Willen Gottes entgegengesetzt ist. Das Dokument macht sich diese Fokussierung zu eigen, und von der Situation der Armen und Ausgeschlossenen unserer Tage her formuliert es mit Nachdruck etliche Punkte, die im Leben und in der Reflexion über die Option für die Armen in diesen Jahren besonders wichtig waren.

An erster Stelle entwirft es ein Bild von der Komplexität der Armut, die nicht auf ihre ökonomische Dimension beschränkt ist, so wichtig diese auch sein mag. »Die allermeisten Katholiken unseres Kontinents leiden unter der Geißel der Armut, die sich auf unterschiedlichste Weise zeigt: als ökonomische, physische, geistige, moralische Armut usw.« (A 176). Von daher die Sensibilität des Dokuments für »die kulturelle Verschiedenheit« auf dem Kontinent, die es als »offen auf der Hand« liegend betrachtet (A 56).[86] Es schätzt und bedenkt einen »kairos«, einen günstigen Moment, die neue Präsenz von Indigenen und Afrika-Stämmigen, die es sogar ein »neues Pfingsten« nennt.[87] So knapp wie zutreffend formuliert es: Sie »sind vor allem ›Andere‹ von eigener Art, die Respekt und Anerkennung verlangen. Die Gesellschaft hat die Tendenz, sie zu missachten, da sie ihre Andersartigkeit nicht versteht« (A 89).[88] Der Arme ist ja in der Tat der Andere einer Gesellschaft, die seine Menschenwürde, wenn überhaupt, so allenfalls theoretisch anerkennt.

Auf derselben Schiene und unter Betonung der Komplexität der Welt der sozialen Marginalität und Insignifikanz behandelt Aparecida die Situation der Frau: »In dieser Stunde Lateinamerikas und der Karibik ist es dringend notwendig, sich darüber im Klaren zu sein, wie sehr die Würde der Frauen gefährdet ist« (A 48; siehe auch 451–458). Frauen leiden aus verschiedenen Gründen unter einer unheilvollen Exklusion: Sie sind »wegen ihres Geschlechts, ihrer Rasse oder ihrer wirtschaftlich-sozialen Lage aus der Gesellschaft ausgeschlossen« (A 65).[89] Sie betrifft ebenfalls die Frage des Typs der oben erwähnten »Andersartigkeit«; in gewisser Weise ist ja die Frau die »Andere« gegenüber der Gesellschaft von heute, jemand, dem man weder seine volle Menschenwürde noch seine Rechte zuerkennt.

Der Text legt zudem – und das ist relevant – den Akzent auf die Frauen, die den besonders marginalisierten Bevölkerungsgruppen angehören; zugleich unterstreicht er die Aktualität und die Dringlichkeit, mit der dieser Stand der Dinge angegangen werden muss. »In dieser Stunde Lateinamerikas und der Karibik muss dringend die so oft zum Schweigen gebrachte Klage der Frauen Gehör finden, die in allen Lebensphasen den verschiedensten Formen von gesellschaftlichem Ausschluss und von Gewalt unterworfen werden. Die von Armut betroffenen Frauen, die indigenen und die afrikanischstämmigen Frauen, leiden unter einer doppelten Marginalisierung« (A 454). Auf die doppelte Marginalisierung hat uns schon der Text von

Puebla in seiner Aussage über die vorrangige Option für die Armen aufmerksam gemacht. Doch Aparecida beendet in diesem Fall, wie in vielen anderen, weder die Analyse noch die Reflexion über diese Realitäten.

Das Dokument gibt nämlich genauso auch die Ursachen der verschiedenen Typen von Armut an.[90] Ich beschränke mich darauf, das zu nennen, was es über die Globalisierung, ein mehrmals im Aparecida-Text erscheinendes Thema, sagt. Beginnen wir mit einer umfassenden Aussage: »Durch die Globalisierung werden in unseren Völkern neue Gesichter von Armen erkennbar« (A 402). Der Grund dafür: »In dieser Art Globalisierung verabsolutiert die Dynamik des Marktes leichtfertig Effizienz und Produktivität als Werte, die alle menschlichen Beziehungen regeln sollen. Dieser spezifische Charakter macht die Globalisierung zu einem Prozess, der vielfältige Ungleichheiten und Ungerechtigkeiten hervorruft« (A 61). Dies ist auf die Tendenz der Globalisierung zurückzuführen, »den Gewinn über alles zu stellen und den Wettbewerb voranzutreiben. [ …] Die Chancenungleichheit, die unseren Kontinent so schrecklich beherrscht und zahllose Menschen an die Armut fesselt, wird noch größer« (A 62). Wir sollten noch festhalten, dass die Entschließungen in jedem Moment erkennen lassen, dass sie sich auf die Globalisierung »in ihrer gegenwärtigen Gestalt« (A 61) beziehen, denn sie könnte sich ja auch anders darstellen.

Aparecida schenkt seine Aufmerksamkeit ferner einem zentralen Punkt lateinamerikanischer Praxis und Reflexion im Zusammenhang mit der Option für die Armen: Die Armen selbst sollen ihr Schicksal in die Hand nehmen. Es geht nicht darum, für die Armen zu sprechen, was zählt, ist vielmehr, dass sie selbst in einer Gesellschaft, die auf ihren Schrei nach Befreiung und Gerechtigkeit nicht hört, eine Stimme haben. Dies ist ihr tiefstes Verlangen, sie fühlen »die Notwendigkeit, das eigene Leben aufzubauen« (A 53). Über den Prozess zur »Wiedererlangung der Identität« der marginalisierten Bevölkerungsgruppen heißt es: »In den alternativen Gruppen für Solidarwirtschaft werden schwarze Frauen und Männer zu Subjekten ihrer eigenen Geschichte und fangen an, eine neue Geschichte in Lateinamerika und der Karibik zu skizzieren« (A 97). Dies gilt auch für andere Bedeutungslose und auf verschiedenen Gebieten: »Tag für Tag handeln die Armen selbstverantwortlich für die Evangelisierung und die ganzheitliche menschliche Entwicklung« (A 398).

In den 1960er-Jahren und in Medellín wurde die Basis dessen gelegt, was man in den Jahren vor Puebla prioritäre, präferenzielle, privilegierte Option für die Armen zu nennen begann. Faktisch entsprechen die drei Wörter der Wendung »vorrangige Option für die Armen« jeweils den drei Bedeutungen des Terminus »Armut« aus der Unterscheidung, die Medellín getroffen hat: reale Armut als ungerechte und inhumane Daseinsbedingung, geistliche Armut und Solidarität mit dem Armen, Ablehnung der Armut.[91]

Der Terminus »Präferenz« oder »Vorrang« will keineswegs abschwächen – und schon gar nicht vergessen machen –, dass die Solidarität mit den Armen und mit der sozialen Gerechtigkeit notwendig und dringlich ist. Man kann ihn nur verstehen in seinem Bezug zur Liebe Gottes zu jedem Menschen. Diese stellt die Heilige Schrift als universal und zugleich vorrangig dar. Und das hat auch Johannes XXIII. gemeint, als er von »einer Kirche aller und insbesondere einer Kirche der Armen« sprach. Es sind zwei Aspekte, die einander nicht widersprechen, sondern eine fruchtbare Spannungseinheit bilden. Beschränkt man sich auf einen von ihnen, so verliert man alle beide.

Daher sagt Aparecida zu Beginn von Kapitel 8, das speziell von der Option für die Armen handelt: »Der Missionsauftrag, die Gute Nachricht von Jesus Christus zu verkündigen, bezieht sich auf die ganze Welt. Jesu Liebesgebot schließt alle Dimensionen des Daseins ein, alle Menschen, alle Milieus und alle Völker. Nichts Menschliches ist ihm fremd« (A 380). In diesem Rahmen muss man den Sinn der Priorität der Bedeutungslosen und Ausgeschlossenen verstehen.

Genau das tut das Aparecida-Dokument, wenn es von der Option für die Armen spricht und erklärt: »Vorrangig bedeutet das, dass sie all unsere pastoralen Prioritäten und Strukturen durchziehen soll. Die Kirche in Lateinamerika ist berufen, Sakrament der Liebe, der Solidarität und der Gerechtigkeit in unseren Völkern zu sein« (A 396) – ein Sakrament der Liebe quer zu allen kirchlichen Instanzen und nicht auf bestimmte Sektoren beschränkt. Darauf zielt die Präferenz und nicht auf eine Schwächung der Radikalität der Option. Auf der einen Seite stellt die Universalität das Privileg der Armen in einen weiten Horizont und verlangt, dass seine möglichen Grenzen ständig überschritten werden; der Vorrang für die Armen verleiht seinerseits dieser Universalität Konkretheit und historische Tragweite und warnt sie vor der Gefahr, im Trügerischen und Nebulösen zu verharren.

# Evangelisierung und Einsatz für die Gerechtigkeit

Aus der Art und Weise, wie die vorrangige Option für die Armen in Aparecida neu bekräftigt wird, ergeben sich mehrere Fragen. Ich will hier nur eine von ihnen hervorheben. In Kontinuität mit den Aussagen, die ich festgehalten habe und die ihrerseits das Ergebnis eines jahrzehntelangen Prozesses sind, in welchem es nicht an Fortschritten und Rückschlägen gefehlt hat, bringt das Aparecida-Dokument eine fruchtbare Sicht der Evangelisierung zur Sprache. Schon früh heißt es im Text, die Jünger und Missionare wüssten[92], dass das Licht Christi die Hoffnung, die Liebe und die Zukunft garantiert, und weiter: »Darin besteht die Hauptaufgabe der Evangelisierung, die die vorrangige Option für die Armen, die ganzheitliche Förderung des Menschen und die authentische christliche Befreiung mit umfasst« (A 146). Tatsächlich hängt eine der Bedeutungen dieser Option mit dem Zeugnis der Frohen Botschaft zusammen.

## Eine Erfahrung teilen

Die Verkündigung des Evangeliums erwächst aus einer Begegnung. Aus der Begegnung mit Jesus. »Wir haben den Messias, den Christus, gefunden«, sagt Andreas zu seinem Bruder Simon und führt ihn zu Jesus (Joh 1,41f.). Es ist ein schlichter

Bericht, der uns sagt, worin das Wesentliche der Mit-Teilung der Guten Nachricht besteht. Durch die Erinnerung an ihn bietet sich dem Aparecida-Dokument die Möglichkeit, in Erwägungen einzutreten, die unserer Position nahekommen, sich mit den Erfahrungen vieler decken und zum Sinn der Option für die Armen vordringen.

## Die Freude des Jüngers

Das Teilen erwächst aus der Freude, die wir durch »die Begegnung mit Jesus Christus, den wir als Mensch gewordenen Sohn Gottes und Erlöser anerkennen, empfangen haben [ …]; wir haben den Wunsch, dass die Freude über die Frohe Botschaft vom Reich Gottes, von Jesus Christus, dem Sieger über Sünde und Tod, zu allen gelange [ …]. Ihn durch Wort und Tat bekannt zu machen, ist uns eine große Freude« (A 29). Ohne diese Erfahrung wird die Weitergabe der Botschaft zu etwas Kaltem und Fremdartigem, das nicht zu den Menschen durchdringt. Die Option für die Armen entgeht in der Tat nicht dem Risiko, »rein theoretisch bzw. nur emotional zu bleiben, ohne sich wirklich auf unser Verhalten und unsere Entscheidungen auszuwirken« (A 397). Die freudige Erfahrung der Begegnung mit Jesus schärft unseren Blick und macht unser Herz weit.

Die Option für die Armen verlangt von uns, »dass wir den Armen Zeit widmen, uns ihnen liebevoll zuwenden, ihnen aufmerksam zuhören und ihnen in schwierigsten Momenten beistehen. So entscheiden wir uns für sie und teilen mit ihnen Stunden, Wochen oder auch Jahre unseres Lebens und suchen zusammen mit ihnen, ihre Lage zu ändern« (ebd.). Es ist keine

Sache der Herablassung, sondern der Solidarität und Freundschaft, und Freundschaft bedeutet Gleichheit, Anerkennung der Menschenwürde des anderen. So sieht es das Aparecida-Dokument, und deshalb warnt es vor »jeder paternalistischen Einstellung« (ebd.).

## Verborgene Armut

»Nur wenn wir den Armen so nahe kommen, dass Freundschaft entstehen kann, werden wir wahrhaft schätzen lernen, was den Armen von heute wichtig ist, wonach sie sich legitim sehnen und wie sie selbst ihren Glauben leben. Die Option für die Armen soll uns dahin bringen, Freundinnen und Freunde der Armen zu werden« (A 398). Ohne Freundschaft mit ihnen gibt es keine echte Solidarität und kein wahres Teilen unter den Menschen, die Option gilt allen Menschen, Töchtern und Söhnen Gottes.

Diese Einstellung wird uns helfen, »das große Leid so vieler Mitmenschen, die oft in versteckter Armut leben, nicht [zu] ignorieren« (A 176). Es gibt diese verschämte, leise Armut bei den Armen, diese Alltagsprobleme, an die man so gewöhnt ist, dass man kaum noch davon spricht, offensichtliche Kümmernisse, die als unvermeidlich gelten; sie alle werden aus Scham unter einem Mantel des Schweigens verborgen. Vor allem kommt dies bei den Frauen der armen Sektoren vor; häufig sind sie selbst innerhalb ihrer eigenen Familien marginalisiert, aber das geschieht nicht nur ihnen. Alle diese kleinen (oder großen) Nöte dringen – wenn sie es denn tun – erst nach einer langen Zeit der Freundschaft an die Oberfläche, und auch das erst nach einer Entschuldigung dafür, dass man von ihnen spricht. Bis dahin müssen wir (mit-)gehen.

Diese Erwägungen stehen keineswegs dem entgegen, dass die Option für die Armen auch einen Einsatz für die Gerechtigkeit bedeutet, der eine solidarische Anstrengung zur Überwindung von Ungerechtigkeit impliziert. Sie führen uns nur gewisse Aspekte deutlicher vor Augen, die einem Blick entgehen können, der nicht tief genug in die Dimensionen des Lebens der Armen und in die heikelsten Aspekte der Menschen dringt.

## Die Kirche als Anwältin der Gerechtigkeit und der Armen

Die Option für die Armen ist eingeschlossen in die Evangelisierungsaufgabe, so Benedikt XVI. Damit wird der Kampf für die Gerechtigkeit in der Verkündigung des Reiches Gottes verortet.

### Ein prophetisches Wort

Handeln für die Gerechtigkeit und Entwicklung des Menschen sind nichts Fremdes für die Evangelisierung. Ganz im Gegenteil. Sie enden nicht da, wo die Verkündigung der christlichen Botschaft beginnt, sie sind keine Vor-Evangelisierung, sondern bilden einen Teil der Verkündigung des Evangeliums. Diese Sicht, die heute immer selbstverständlicher wird – und in Aparecida ist sie evident –, ist das Ergebnis eines Prozesses, der uns den Sinn der Vater-unser-Bitte »Dein Reich komme« hat verstehen lassen. So zu bitten heißt reden von der Transformation der Geschichte, in der die Herrschaft Gottes schon gegenwärtig, wenn auch noch nicht vollends verwirklicht ist. Es ist ein Verstehensprozess, der sich seit dem Konzil, auf dem die Gegenwart der Kirche in der Welt wirklich ernst genommen wurde, beschleunigt.

In diesem Zusammenhang bekräftigt Medellín, dass Jesus gekommen ist, um uns von der Sünde zu befreien, deren Folgen Knechtschaftsverhältnisse sind, die sich im Begriff der Ungerechtigkeit zusammenfassen lassen (Medellín, Gerechtigkeit 3); der Punkt wurde auf die eine oder andere Weise von den nachfolgenden kontinentalen Versammlungen aufgegriffen. Die römische Synode über Gerechtigkeit in der Welt (1971) reiht sich in diese Linie ein: Die Sendung der Kirche »schließt [ …] die Verteidigung und Förderung der Würde und der Grundrechte des Menschen ein« (Nr. 37). Außer in *Evangelii nuntiandi* (Nr. 29) hat Papst Johannes Paul II. in seiner Eröffnungsansprache in Puebla fast mit denselben Worten wie die genannte Synode gesagt: Die Evangelisierungsaufgabe der Kirche »hat als unverzichtbaren Teil das Handeln für die Gerechtigkeit und Förderung des Menschen« (III.2).

Benedikt XVI. seinerseits sagte in seiner Eröffnungsansprache, »dass sich die Evangelisierung immer zusammen mit der Förderung des Menschen und der echten christlichen Befreiung entfaltet hat. ›Gottes- und Nächstenliebe verschmelzen: Im Geringsten begegnen wir Jesus selbst, und in Jesus begegnen wir Gott selbst‹ (Enzyklika *Deus caritas est*, 15)« (Nr. 3). Es ist eine Prinzipienfrage, dass die vielen historischen Formen von Untreue gegenüber diesem Postulat nichts an seinem bleibenden Anspruch ändern.[93] In dieser gedanklichen Systematik erklärt der Papst in einer Passage, die in Aparecida großen Einfluss gewonnen hat, ganz offen: »Die Kirche ist Anwältin der Gerechtigkeit und der Armen« (Ansprache, Nr. 4), und einige Zeilen später wiederholt er: »Anwältin der Gerechtigkeit und der Wahrheit« (ebd.). Diese Aussagen werden im Aparecida-Dokument mehrmals wiederholt; Zusätze vertiefen ihren Sinn. So heißt es etwa: »Der Heilige Vater hat uns daran erinnert, dass die Kirche angesichts der ›unerträglichen sozialen und wirtschaftlichen Ungleichheiten‹, ›die zum Himmel schreien‹, zur ›Anwältin der Gerechtigkeit und der Armen‹ bestellt ist« (A 395). Der Punkt ist also klar. Die Verkündigung des Evangeliums ist eine prophetische Aufgabe, die die Liebe Gottes zu jedwedem Menschen, vorrangig aber zu den Armen und Bedeutungslosen, ansagt und die Situation der Ungerechtigkeit anklagt, unter der sie leiden.

Die Verkündigung des Evangeliums impliziert eine Transformation der Geschichte, die sich um die Gerechtigkeit drehen muss, um eine respektvolle Wertung der Unterschiede der Geschlechter, Ethnien und Kulturen und um die Verteidigung der elementarsten Menschenrechte, auf die sich eine auf Gleichheit und Brüderlichkeit basierende Gesellschaft gründen kann. Eine Gesellschaft mit »menschlicheren Lebensbedingungen«, wie die von Benedikt XVI. in seiner Eröffnungsansprache zitierte Enzyklika »Populorum progressio« (Nr. 21) einst formulierte.

## Der Tisch des Lebens

Die Ungerechtigkeit anklagen und die Gerechtigkeit aufrichten, das sind Äußerungen der Solidarität mit konkreten Menschen.[94] Wir glauben an einen Gott des Lebens, der die unmenschliche Armut ablehnt, die ja nichts anderes ist als der ungerechte vorzeitige Tod. Alle sind wir gerufen, am Bankett des Lebens teilzunehmen. »Die großen Unterschiede zwischen Reichen und Armen fordern uns auf, mit größerem Einsatz Jünger zu werden, die als Tischgemeinschaft das Leben miteinander zu teilen verstehen, die Tischgemeinschaft aller Söhne und Töchter des Vaters, eine offene Tischgemeinschaft, aus der niemand ausgeschlossen sein und bei der niemand fehlen darf. Daher bekräftigen wir die vorrangige, evangeliumsgemäße Option für die Armen« (Botschaft an die Völker, Nr. 4). Eine offene Tischgemeinschaft, von der niemand ausgeschlossen ist, deren Erstgeladene jedoch die Letzten dieser Welt sind.

Der Papst machte in seiner Eröffnungsansprache eine interessante Anspielung darauf, dass in der Welt von heute die Gefahr einer individualistischen und gleichgültigen Einstellung zu der Realität, in der wir leben, besteht. Das Aparecida-Dokument übernimmt sie mit denselben Worten: »Heiligkeit [ist] weder eine Flucht in die Innerlichkeit bzw. in den religiösen Individualismus noch eine Abwendung von den dringlichen wirtschaftlichen, gesellschaftlichen und politischen Problemen Lateinamerikas, und noch viel weniger eine Flucht aus der Realität in eine ausschließlich spirituelle Welt« (A 146, unter Rückgriff auf Ansprache, Nr. 3). Tatsächlich ist dies ja eine große zeitgenössische Versuchung im Christenleben, der viele nachgeben und deren sich viele sogar rühmen; sie verleiht ein gutes Gewissen, aber um den Preis, dass das Zeugnis Jesu verraten wird; als ob eine intimistische, beschauliche Einstellung mit dem Anspruch, sich in einer »ausschließlich spirituellen« Sphäre zu bewegen, dem Anspruch des Evangeliums wirklich genügen würde. In diesem Sinn rufen der Papst und Aparecida nachdrücklich zur Aufmerksamkeit gegenüber diesem »Purismus« auf, der der authentischen Klarheit und Lauterkeit des Evangeliums nicht entspricht.[95]

Die christlichen Basisgemeinden »setzen sich mit ihrem evangelisierend-missionarischen Engagement unter den ganz einfachen und am Rande der Gesellschaft lebenden Menschen ein; sie machen die vorrangige Option für die Armen sichtbar« (A 179)[96], sie üben genau die Solidarität, die aus der Liebe zu Gott und zum Nächsten erwächst und Teil eines »einzigen Gebots« ist.[97]

In der Eucharistie gestalten wir uns nach dem Herrn, und im betenden Hören seines Wortes begehen wir das Gedächtnis seines Lebens, seines Zeugnisses, seiner Lehre, seines Todes und seiner Auferstehung und feiern in Freude unsere Gemeinschaft mit Gott und untereinander (vgl. A 142).

Das Dokument von Aparecida trägt das Siegel der Hoffnung, nicht der Illusionen. Gegen Ende des Textes heißt es: »Es gibt sicherlich keine andere Region, die so viele Faktoren der Einheit aufzuweisen hat wie Lateinamerika – wobei der starke Einfluss der katholischen Tradition das Hauptfundament dieser Einheit ist. Aber es handelt sich um eine zerrissene Einheit, weil sie immer wieder von Herrschaftsansprüchen und Widersprüchen durchsetzt und noch nicht fähig war, ›alles Blut‹ in sich aufzunehmen und die Kluft schreiender Ungleichheiten und Marginalisierungen zu überwinden« (A 527). Der Ausdruck »alles Blut« (*todas las sangres*) stammt von José María Arguedas: So lautet der Titel einer seiner Novellen, in der er die komplexe Realität Perus zu charakterisieren sucht, aber er gilt genauso auch für den gesamten Kontinent. Er drückt unsere Vielfalt und auch unseren Reichtum und unsere Möglichkeiten aus. Die Schwierigkeiten zu benennen, auf die wir gegenwärtig stoßen, ist eine Sache des Realismus und eine unersetzliche Bedingung für die angemessene Auseinandersetzung mit den Herausforderungen unserer Situation.

Aparecida hat sich darum bemüht, dieser Realität ins Gesicht zu blicken, ohne Ausreden und Ausflüchte. Und es stellt Forderungen an die Jünger Jesu Christi auf, damit sie ihre Mission in Treue zum Evangelium erfüllen. Die Konferenz tut dies in der Überzeugung, dass »die vorrangige Option für die Armen [ …] uns als Jünger und Missionare Jesu [veranlasst], neue, kreative Antworten zu suchen auf die vielen Auswirkungen der Armut« (A 409); und auf die verschiedenen Ursachen und deren vielfältige Folgen, müsste man hinzufügen. Diese Option beinhaltet einen Lebensstil, der viele Engagements auf drei unterschiedlichen, aber miteinander zusammenhängenden Ebenen inspiriert hat: Es sind die Ebene der Verkündigung des Evangeliums (auf pastoralem und sozialem Gebiet), die vielleicht sichtbarste Form; die theologische Ebene, und als Fundierung von allem bisher Gesagten die Ebene der Spiritualität, der Nachfolge Jesu. Dies ist es, was das Rückgrat des Aparecida-Dokuments ausmacht.

Zu Beginn unserer Überlegungen sagte ich, dass das Ereignis und das Dokument von Aparecida das Leben der Kirche in Lateinamerika und der Karibik in der darauffolgenden Zeit markierten, aber diese Aussage muss vervollständigt werden. Es wird nämlich von der Rezeption abhängen, die wir Aparecida angedeihen lassen, und die wiederum ist etwas, was in unseren Händen liegt[98]; in den Händen der Ortskirchen, der christlichen Gemeinden und verschiedener kirchlicher Instanzen. Die Exegese, die Interpretation von Texten wie diesem erfolgt in der Praxis, im Handeln. Zu ihm sind wir aufgerufen durch die Frohe Botschaft vom Königtum Gottes in unserem Hier und Heute.

*Aus dem Spanischen übersetzt von Michael Lauble*

# Anmerkungen

1. Päpstlicher Rat für Gerechtigkeit und Frieden, Kompendium der Soziallehre der Kirche, Freiburg 2006.
2. Johannes Paul II., Enzyklika Sollicitudo rei socialis vom 30. 12. 1987, Nr. 27.
3. Ebd., Nr. 27–34.
4. Ebd., Nr. 29.
5. Ebd., Nr. 32.
6. Ebd., Nr. 33.
7. Johannes Paul II., Enzyklika Centesimus annus vom 1. Mai 1991, Nr 47.
8. Johanes XXIII., Enzyklika Pacem in terris vom 11. April 1963, Nr. 9.
9. Benedikt XVI., Enzyklika Deus caritas est vom 25. Dezember 2005, Nr. 29.
10. Johannes Paul II., Enzyklika Evangelium vom 25. März 1995 Nr. 2.
11. Ebd., Nr. 3.
12. Deutsche Bischofskonferenz (Hg.), Die Kirche Lateinamerikas. Dokumente der II. und III. 1979. Generalversammlung des Lateinamerikanischen Episkopats in Medellín und Puebla, Bonn
13. Gustavo Gutiérrez, Aus der eigenen Quelle trinken. Spiritualität der Befreiung, München 1986.
14. Vgl. Lumen gentium 1.
15. Hans Magnus Enzensberger (Hg.), Las Casas Bericht von der Verwüstung der Westindischen Länder, Frankfurt 1981, S. 13.
16. Gustavo Gutiérrez, Gott oder das Gold. Der befreiende Weg des Bartholomé de Las Casas, Freiburg 1990. (Spanische Originalausgabe: Dios o el oro en las Indias, Siglo XVI, Lima 1989).
17. Vgl. dazu: Salomón Lerner Febres/Josef Sayer (Hg.), Wider das Vergessen Yuyanapaq. Bericht der Wahreheits- und Versöhnungskommission Peru, Ostfildern 2008.
18. Instruktion der Kongregation für die Glaubenslehre über einige Aspekte der Theologie der Befreiung vom 6. August 1984 Nr. III, 3; vgl. auch die Instruktion über einige Aspekte der Befreiungstheologie Libertatis nuntius vom 6. August 1984; zur Thematik insgesamt vgl. G. Gutiérrez/G.L. Mül-

ler, An der Seite der Armen. Theologie der Befreiung, Augsburg 2004.

19. Instruktion der Kongregation für die Glaubenslehre über die christliche Freiheit und die Befreiung vom 22. März 1986, Nr. 1.
20. Ebd.
21. Joseph Ratzinger, Freiheit und Befreiung. Die anthropologische Vision der Instruktion »Libertatis conscientia«, in: ders., Kirche, Ökumene und Politik. Neue Versuche zur Ekklesiologie, Einsiedeln 1987, S. 229.
22. Ebd., S. 243.
23. Ebd., S. 232.
24. Instruktion (1986), Nr. 62.
25. Ebd. ,Nr. 65.
26. Vgl. Ebd. ,Nr. 68.
27. Johannes Paul II., Enzyklika Sollicitudo rei socialis vom 30. Dezember 1987.
28. Ebd. 81.
29. Zit. nach Peter Eicher (Hg.), Theologie der Befreiung im Gespräch. Leonardo Boff, Peter Eicher, Horst Goldstein, Gustavo Gutiérrez, Josef Sayer, München 1985, S. 40f.
30. Theologie der Befreiung, Mainz 10. Aufl. 1992, S. 83.
31. Ebd., S. 362f.
32. Gustavo Gutiérrez, Gerhard Ludwig Müller, An der Seite der Armen. Eine Theologie der Befreiung, Augsburg 2004.
33. Siehe dazu auch Seite 87ff.
34. Als Aufsatz erstmals publiziert in: G. Gutiérrez u.a., El rostro de Dios en la historia, Lima 1996, S. 9–69; auf Deutsch: G. Gutiérrez/G. L. Müller, An der Seite der Armen. Theologie der Befreiung. Mit einem Vorwort von Prof. Dr. J. Sayer, Vorsitzender des Bischöflichen Hilfswerks Misereor e.V., Augsburg 2004, S. 111–162.
35. »Die Kirche ist nur Kirche, wenn sie für andere da ist«: DBW 8, S. 560.
36. G. Gutiérrez, Die historische Macht der Armen, Mainz 1984.
37. Begegnung mit den brasilianischen Bischöfen. Ansprache von Papst Franziskus, Bischofshaus in Rio de Janeiro, Samstag, 27. Juli 2013.
38. Im Deutschen: Theologie der Befreiung, 1973.
39. Vgl. Gutiérrez, »Die Historische Macht der Armen«, 1984, oder »En busca de los pobres de Jesucristo. El pensamiento de Bartolomé de Las Casas«,

1992, »Auf der Suche nach den Armen Jesu Christi. Das Denken von Bartholomé de Las Casas«.

40. Freiburg 1995, 92012.
41. Der folgende Text basiert auf Gustavo Gutiérrez, Die Spiritualität des Konzilsereignisses, in: Mariano Delgado/Michael Sievernich (Hg.), Die Großen Metaphern des Zweiten Vatikanischen Konzils. Ihre Bedeutung für heute, Freiburg i.Br. 2013, S. 405–421.
42. Von Licht- und Schattenseiten spricht Medellín in seiner Einleitung zu den Entschließungen (Nr. 2), später dann auch die römische Synode im Jahre 1985, die aus Anlass des 20. Jahrestags des Konzilsabschlusses begangen wurde; Schlussdokument der Außerordentlichen Bischofssynode 1985 und Botschaft an die Christen in der Welt, Bonn 1985, Nr. 3.
43. Lateinischer Text in: http://www.vatican.va/holy_father/paul_vi/speeches/1965/documents/hf_p-vi_spe_19651207_epilogo-concilio_lt.html.
44. A. und G. Alberigo haben recht, wenn sie sagen: »Wenn man über Papst Johannes XXIII. arbeitet, hat man den faszinierenden Eindruck, man treibe Zukunftsgeschichte.« A. und G. Alberigo, Giovanni XXIII. Profezia nella fedeltà, Brescia 1978, S. 108.
45. Die schlüssigste Interpretation für den Ursprung dieses Ausdrucks zielt auf die Nachfolge Jesu, vgl. D. Marguerat, Les Actes des apôtres 1–12, Genf 2007, S. 326–327, und P. Mallen, The Reading and Transformation of Isaiah in Luke-Acts, London/New York 2008, S. 72.
46. Wenn auch in einem anderen Kontext begegnet bei Johannes XXIII. eine frühe Verwendung des Ausdrucks »Zeichen der Zeit«; er benützt ihn in seinem Geistlichen Tagebuch in einer Notiz von 1903 (das Werk wird im Folgenden zitiert nach der spanischen Ausgabe Diario del alma, Madrid 2009). Vgl. A. und G Alberigo, Giovanni XXIII. (Anm. 3), S. 124.
47. Diario (Anm. 4b), S. 346.
48. Ebd., S. 494. Zur Spiritualität Johannes' XXIII. vgl. F. Zegarra, Juan XXIII: Temas centrales de su teología y su espiritualidad, in: Páginas 225 (März 2012), 6–14.
49. Vom II. Vatikanum werden die Zeichen der Zeit zwei Mal erwähnt. GS 11 sagt, die Unterscheidung müsse das Werk des »Volkes Gottes« sein, und in PO 9 heißt es: »Die Priester sollen die Würde der Laien und die bestimmte Funktion, die den Laien für die Sendung der Kirche zukommt, wahrhaft

anerkennen und fördern. Sie mögen auch mit Bedacht die gebührende Freiheit, die allen im bürgerlichen Bereich zusteht, achten. Sie sollen gern auf die Laien hören, ihre Wünsche brüderlich erwägen und ihre Erfahrung und Zuständigkeit in den verschiedenen Bereichen des menschlichen Wirkens anerkennen, damit sie gemeinsam mit ihnen die Zeichen der Zeit verstehen können.« Siehe dazu M. D. Chenu, Les signes des temps, in: Gaudium et Spes. L'Eglise dans le monde de ce temps, Paris 1967, S. 95–116.

50. »Man darf aber nicht außer Acht lassen, was von größtem Gewicht ist, wenn wir die religiöse Bedeutung dieses Konzils überprüfen: Es war ihm nämlich das Wichtigste, die Welt unserer Tage zu erforschen« (Ansprache Nr. 6; Anm. 2).
51. Es ist fraglich, ob diese Passage ein Gleichnis darstellt, da sie genau genommen keinen Vergleich enthält und auch nicht auf das Reich Gottes anzuspielen scheint. Sie weist sicher zahlreiche Besonderheiten auf. Dennoch: Wenn das Reich auch nicht explizit erwähnt wird, ist doch klar, dass der Dienst am anderen, besonders am Armen und Insignifikanten, eine Konsequenz seiner Präsenz in der Geschichte ist. Daher spricht man hier von einer Beispielgeschichte, einem Genus, das sich auch an anderen Stellen des Lukasevangeliums findet.
52. Die positive Einstellung des Lukas gegenüber den Samaritern ist bekannt, siehe zum Beispiel die Erzählung vom »dankbaren Samariter«, der Jesus für die an ihm geschehene Heilung dankt (Lk 17,18).
53. Evangelii gaudium, Nr. 97
54. Lévinas nennt dies »Verletzlichkeit«: »Einzig ein verletzliches Ich kann seinen Nächsten lieben.« Emmanuel Lévinas, Wenn Gott ins Denken einfällt. Diskurse über die Betroffenheit von Transzendenz, aus dem Französ. übers. von Th. Wiemer, Freiburg i.Br. 1985, S. 116.
55. Es ist bezeichnend, dass das Wort »Gastfreund« sowohl den Beherbergten (span. hospedado) als auch den ihn Aufnehmenden (span. hospedero) meint. Die sprachliche Wurzel der beiden kastilischen Wörter ist das lateinische hospes.
56. Lateinischer Text in: http://www.vatican.va/holy_father/paul_vi/speeches/1963/documents/hf_p-vi_spe_19630929_concilio-vaticano-ii_lt.html.
57. Johannes XXIII., Rundfunkbotschaft an die Katholiken der Welt vom 11. September 1962, in: Herder Korrespondenz 17 (1962/63), 43–46.

58. Wir erinnern daran, dass der Terminus »Vorrang« im Zusammenhang der Universalität der Liebe Gottes verstanden werden muss; innerhalb dieser Liebe ergibt sich die unumgängliche Priorität der Solidarität mit den Armen und Marginalisierten der Gesellschaft; so wird der Sinn von Universalität geerdet. Es ist also falsch, das Wort aus dem Kontext einer evidenten Forderung des Evangeliums zu lösen und so zu betrachten, als ginge es um ein Engagement, das man wählen kann oder nicht. Es ist eine Option in der Treue zum »Liebt einander, so wie ich euch geliebt habe« (Joh 15,12), eine Liebe ohne Grenzen, in der »die Letzten die Ersten« sein werden (Mt 20,16). Es ist eine »nicht optionale« Option (M. Díaz Mateos, El grito del pobre atraviesa las nubes (Ecclo. 35, 21, in: El rostro de Dios en la historia, Lima 1996, S. 146).
59. Aparecida, Nr. 392 greift die Ausführungen Benedikts XVI. in der Versammlung auf und kommentiert sie.
60. Das Dokument von Aparecida wird im Folgenden als A mit der laufenden Textnummer zitiert. Die Übersetzung folgt der Ausgabe: Aparecida 2007.
61. »Wissen, dass der Herr uns liebt, die ungeschuldete Gabe seiner Liebe annehmen, das ist die tiefe Quelle der Freude dessen, der vom Wort lebt. Die Freude mitzuteilen heißt evangelisieren. Es heißt, die Frohe Botschaft von der Liebe Gottes, die unser Leben verändert hat, den anderen mitzuteilen« (Gustavo Gutiérrez, Praxis de liberación y fe cristiana, in: R. Gibellini (Hg.), La nueva frontera de la teología en América Latina, Salamanca 1977 S. 13–40).
62. Es handelt sich um ein Zitat aus der Eröffnungsansprache von Papst Benedikt XVI. zu Beginn der Bischofsversammlung am 13. Mai 2007, in: Aparecida 2007, 332.
63. Das hat B. Häring in seinem Werk; Das Gesetz Christi, 3 Bde., Freiburg i.Br. [8]1967 (Erstauflage in einem Band 1954) aufgewiesen; mit seinem Rückgriff auf die biblische Perspektive hat er vor Jahrzehnten die Moraltheologie erneuert.
64. J. Delorme, Au risque de la parole, Paris 1991, S. 231, Anm. 30.
65. »Die Christen zeichnen sich aus durch ein Verhalten, durch einen Lebensstil. [ …] eine Art, zu denken und zu handeln, mit einem Wort: durch eine Lebensweise« (Gustavo Gutiérrez, Beber en su proprio pozo, Lima 1983, 123). Es ist ein Weg in der Nachfolge Jesu.

66. Schlussdokument der 5. Generalversammlung des Episkopats von Lateinamerika und der Karibik (Stimmen der Weltkirche 41), Bonn 2007.
67. Das Dokument sagt an zahlreichen Stellen, es stehe »in Kontinuität mit den vorausgegangenen Konferenzen«; dieser Punkt findet sich bereits in der Eröffnungsansprache von Papst Benedikt XVI.: »Diese 5. Generalversammlung wird in Kontinuität mit den anderen vier Konferenzen abgehalten, die ihr in Rio de Janeiro, Medellín, Puebla und Santo Domingo vorausgegangen sind« (Nr. 2). Und bei mehreren Gelegenheiten bekräftigt Aparecida, dass es die Perspektive »sehen – urteilen – handeln« ebenso wie die vorrangige Option für die Armen von Neuem und mit neuem Nachdruck aufgreift. Daher findet sich das spanische Präfix »re« sehr oft im Text: revitalizar, retomar, renovar usw.
68. Vgl. dazu den Aufsatz von Agenor Brighenti, Criterios para la lectura del Documento de Aparecida. El pretexto, el contexto y el texto. (Das portugiesische Original erscheint in der Zeitschrift »Convergência« der Conferencia de Religiosos de Brasil).
69. Ein Beweis für diese Reife war die Beharrlichkeit, mit der die Bischöfe der allermeisten Länder – auch gegen manche Bedenken – vor und nach der Versammlung forderten, es solle wie bei den früheren Treffen ein Schlussdokument der Konferenz geben.
70. Nach dem geschäftigen Hin und Her der Konzilsarbeiten wurde das Matthäuszitat, das Johannes XXIII. gebracht hatte, nicht aufgegriffen.
71. Die oben zitierte Nr. 4 der Konstitution Gaudium et spes spricht von einer Aufgabe der Kirche; in Nr. 11 und 44 wiederholt das Konzil den Gedanken, bezieht ihn aber auf das Volk Gottes.
72. »Der Text hat drei große Teile, die der Reflexionsmethode ›sehen – urteilen – handeln‹ folgen. So sieht man die Realität mit vom Glauben erleuchteten Augen, und ein liebevolles Herz verkündet voll Freude das Evangelium von Jesus Christus, um das Ziel und den Weg des menschlichen Lebens zu erhellen, und sucht mittels eines gemeinschaftlichen, dem Wehen des Heiligen Geistes offenen Urteils gemeinsame Linien eines wirklich missionarischen Handelns, welches das ganze Volk Gottes in einen permanenten Missionszustand versetzt« (Zusammenfassung Nr. 3).
73. In der revidierten Fassung sind diesem Abschnitt einige Zeilen beigefügt worden, die wiederholen, dass es sich, wie wir ja wissen, um eine Lektüre aus dem Glauben handelt.

74. Vgl. A. Gardeil, Lieux théologiques, in: Dictionnaire de Théologique Catholique, Paris 1926, Bd. IX, I. Teil, Sp. 712–747.
75. Siehe den Beitrag von Víctor Fernández über die Notificatio, die Jon Sobrino zuteilwurde: Los pobres y la teología en la Notificación sobre las obras de Jon Sobrino, nachzulesen in: http://www.uca.edu.ar/esp/sec-fteologia/novedades.
76. Dass das Thema »Zeichen der Zeit« in GS erscheint, verdankt sich in hohem Maß seinen Beiträgen, etwa dem Aufsatz: Les Signes des temps: réflexion théologique, in: Y.M.-J. Congar/M. Peuchmaurd (Hg.), L 'Eglise dans le monde de ce temps, Bd. II, Paris 1967, S. 205–225.
77. Siehe dazu Gustavo Gutiérrez, Benedicto XVI. y la opción preferencial por el pobre, in: Páginas Nr. 205 (Juni 2007), S. 6–13.
78. Eine Passage, die in Aparecida so nicht übernommen wurde, deren Inhalt aber sehr wohl an mehreren Stellen des Schlussdokuments zu finden ist.
79. Die Wendung »vorrangige Option für die Armen« findet sich in Aparecida elf Mal, die kürzere Form, »Option für die Armen«, vier Mal. Von diesen 15 Erwähnungen stehen acht in Kapitel 8, welches das Thema unmittelbar behandelt. Darüber hinaus sind zahlreiche Texte zu nennen, die das Problem mit synonymen Ausdrücken angehen.
80. Das autorisierte Dokument fügt zu diesem Text einen Satz hinzu: »Sie ist weder ausschließlich noch schließt sie aus.« Damit wird noch einmal unterstrichen, was das Wort »vorrangig« meint.
81. Vgl. Medellín, Armut der Kirche 4 und 7; Puebla 1145 und 1147; Santo Domingo 178 und 164.
82. In diesem Zusammenhang ist es interessant, dass ein erster Entwurf der Botschaft an die Völker Lateinamerikas und der Karibik die »vorrangige Option für die Armen und für die Jugend« in einem einzigen Satz ansprach. Doch angesichts von Interventionen, die an den biblischen und dank seiner evangelischen Wurzel globalen Charakter der Option für die Armen erinnerten, und infolge der pastoralen Ausrichtung der Option für die Jugend beschloss man, die beiden Momente der Aussage zu trennen. So heißt es nunmehr im Text: »Mit erneuerter Anstrengung an unserer vorrangigen, evangeliumsgemäßen Option für die Armen festhalten«, und anschließend: »Die Jugendlichen begleiten in ihrer Bildung und Identitätssuche, Berufung und Mission und so unsere Option für sie erneuern«. Diese Begleitung ist ein ohne Zweifel wichtiger pastoraler Aspekt, von dem das Schlussdokument im Kontext der Jugendpastoral handelt.

83. Siehe die Nummern 65, 402 und 407–430. In ihnen ist unter anderem die Rede von Migranten, Vertriebenen, Opfern von AIDS, zur Kinderprostitution Gezwungenen, durch technischen Analphabetismus Ausgeschlossenen, Drogenabhängigen, Tuberkulösen, unter menschenunwürdigen Bedingungen Inhaftierten. Und wiederholt werden Frauen, Ureinwohner, Afroamerikaner genannt; Aparecida behandelt sie mit mehr Nachdruck, als die früheren Konferenzen es taten.
84. Vgl. Gustavo Gutiérrez, Donde está el pobre está Jesucristo, in: Páginas Nr. 197 (Feb. 2006), 6–22; dt.: Wo der Arme ist, da ist Jesus Christus, in: G. Gutiérrez, Nachfolge Jesu und Option für die Armen, Fribourg/Stuttgart 2009, S. 43–59.
85. Johannes Paul VI., Novo millennio ineunte (2000), 49.
86. Der Text fährt weiter: »In unserer Region gibt es verschiedene indigene Kulturen, Kulturen der Nachkommen von Afrikanern, der Mestizen, der Menschen vom Land und der Menschen in Städten und Vorstädten [ …]. Diesem komplexen kulturellen Gefüge müsste man noch die Kulturen so vieler Immigranten aus Europa hinzufügen, die sich in den Ländern unserer Region niederließen« (A 56).
87. Aparecida sieht im Auftreten dieser Sektoren geradezu eine evangelisatorische Chance: »Heute treten die Indigenen und Nachkommen der Afrikaner in der Gesellschaft und in der Kirche wieder hervor. Dieser Moment ist ein ›Kairos‹, in dem die Kirche diesen Menschengruppen respektvoller begegnen kann: Sie fordern die volle Anerkennung ihrer individuellen wie kollektiven Rechte und verlangen, mit ihrem Weltverständnis, ihren Werten und ihrer eigenen Identität in der katholischen Welt ernst genommen zu werden, damit die Kirche ein neues Pfingsten erfährt« (A 91; vgl. auch 88–97 und 529–522).
88. Und der Text fährt fort: »Ausschluss und Armut kennzeichnen ihre gesellschaftliche Lage. Die Kirche begleitet die Indigenen und Afroamerikaner in ihrem Kampf für ihre legitimen Rechte« (A 89). Was die Präsenz der indigenen Völker in Aparecida angeht, siehe den interessanten Aufsatz von Eleazar López, Aparecida y los indígenas, in: Espacio de análisis, reflexión e información en torno al V CELAM, Boletín de Análisis 10, S. 1–6.
89. Eine andere Passage formuliert: »Wir müssen in Lateinamerika und der Karibik die machohafte Mentalität hinter uns lassen, die nicht zur Kennt-

nis nehmen will, was das Neuartige am Christentum ist: dass es ›gleiche Würde und Verantwortung der Frau wie des Mannes‹ (DI 5) anerkennt und verkündet« (A 453). Die Eindeutigkeit der verwendeten Sprache ist bemerkenswert.

90. Die Nummern 43–82 handeln von der soziokulturellen, ökonomischen und soziopolitischen Situation.

91. Siehe eine kurze Beschreibung dieses Prozesses bei Gustavo Gutiérrez, Pobreza y Teología, in: Páginas Nr. 191 (Feb. 2005), S. 12–28; dt.: Armut und Theologie, in: G. Gutiérrez, Nachfolge Jesu und Option für die Armen, S. 69–86.

92. Mehrere Konferenzteilnehmer forderten mit guten Gründen, das »und« in dem Ausdruck »Jünger und Missionare« solle getilgt werden – was denn auch in einer ganzen Reihe von Passagen des Aparecida-Dokuments so gehalten wurde – (wodurch aus den beiden Nomina discípulos und misioneros die Fügung aus dem Nomen discípulos und dem Adjektiv misioneros wurde, zu Deutsch: aus den »Jüngern und Missionaren« wurden »missionarische Jünger«, Anm. des Übers.); so sollte unterstrichen werden, dass jeder Jünger Jesu notwendigerweise Missionar ist. Das Jüngerzeugnis ist in der Tat eine unverzichtbare Prolongation der trinitarischen Sendungen des Sohnes und des Heiligen Geistes (vgl. Ad gentes 3–5).

93. Aparecida übernimmt den Gedanken mit einer Anspielung auf das Handeln des Samariters, der seinen Weg verlässt, um sich dem Verletzten zuzuwenden: »Von Christus erleuchtet fühlen wir uns durch Leid, Unrecht und Kreuz herausgefordert, als samaritanische Kirche zu leben (vgl. Lk 10,25–7)« (A 26).

94. »Entschlossen machen wir uns erneut die Option für die Armen zu eigen und erklären, dass jeder Evangelisierungsprozess die Förderung des Menschen und seine authentische Befreiung zum Inhalt hat, ›ohne die eine gerechte Ordnung in der Gesellschaft nicht möglich ist‹« (A 399 unter Rückgriff auf die Nr. 4 der Eröffnungsansprache Benedikts XVI.).

95. Derselben Linie folgen Benedikt XVI. und Aparecida, wenn sie einschärfen, dass sich »›das christliche Leben nicht nur in den persönlichen, sondern auch in den sozialen und politischen Tugenden‹ ausdrückt« (A 505 unter Rückgriff auf die Eröffnungsansprache, Nr. 3).

96. Unter den Modifikationen am Schlusstext von Aparecida, die zahlreicher

sind als in den früheren Konferenzen üblich, betrifft die umfangreichste ausgerechnet die Abschnitte über die Basisgemeinden.

97. Deus Caritas est, Nr. 18.

98. Wie Carlos Galli sagt, war Aparecida »ein Ereignis, das sich im Lauf der Zeit dank seiner kirchlichen Rezeption und aufgrund seines realen Einflusses vielleicht einmal als ›historisch‹ erweisen wird« (Aparecida ¿un nuevo Pentecostés en América Latina y el Caribe?, in: Criterio LXXX, Nr. 2328, Juli 2007, S. 362–371).